L'ÉCONOMIE
DE LA VIOLENCE

Mathieu Couttenier

L'ÉCONOMIE DE LA VIOLENCE

À qui profite la guerre ? Enjeux et solutions

Éditions
..... les .....
Léonides

Dépôt légal : octobre 2025
ISBN : 978-2-488335-15-7

Introduction

« Je refuse tout ce qui est inutile
et en premier lieu toutes les guerres
car c'est un travail dont l'inutilité
pour l'homme est aussi claire que le soleil. »

Jean Giono,
« Lettre aux paysans sur la pauvreté
et sur la paix », 16 août 1938

« *Peace cannot be kept by force.*
It can only be achieved by understanding »

Albert Einstein

En 2024, une personne sur huit vit dans une zone affectée par des explosions, des affrontements armés ou des violences dirigées contre les populations civiles. Un sur cinq cohabite avec des manifestations ou des émeutes à moins de cinq kilomètres de chez lui[1]. Inlassablement, jour après jour, l'actualité internationale charrie son cortège de conflits, de violences et d'atrocités, qui plongent

1. Les données proviennent de l'Armed Conflict Location and Event Data (ACLED) et WorldPop, Conflict Exposure Calculator, téléchargées le 24 février 2025.

de nombreuses sociétés dans l'instabilité et la souffrance. La violence, désormais, n'est ni un phénomène marginal ni une exception : elle dessine une réalité implacable, celle du quotidien de centaines de millions de personnes, et structure durablement les trajectoires politiques, économiques et sociales de nombreuses sociétés. Et demain ? Si rien ne change, près de 60 % des plus pauvres de la planète vivront, d'ici à 2030, dans des pays ravagés par les conflits, la violence et l'instabilité (Banque mondiale, 2025).

C'est pour tenter de comprendre ces dynamiques, d'en dévoiler les ressorts profonds que j'ai entrepris d'écrire ce livre. Fidèle à l'intuition d'Albert Einstein selon laquelle « la paix ne peut être maintenue par la force. Elle ne peut être atteinte que par la compréhension », mon ambition est d'en proposer une lecture rigoureuse, nourrie par les enseignements les plus récents de la recherche en sciences sociales, en particulier en économie. J'y explore ce que les travaux académiques nous apprennent aujourd'hui sur les causes des conflits, sur leurs répercussions humaines et institutionnelles, et sur les politiques publiques mises en œuvre pour les prévenir, les contenir ou en atténuer les ravages.

À l'heure où la parole scientifique est régulièrement contestée, reléguée au second plan du débat public ou instrumentalisée à des fins partisanes, il est plus que jamais nécessaire de réaffirmer la valeur de l'analyse rigoureuse. C'est la conviction qui guide ce livre : offrir un éclairage fondé sur les acquis les plus solides de la recherche, et contribuer, modestement, à mieux comprendre, et peut-être mieux agir sur les violences qui structurent notre monde. Un objectif, plus discret mais non moins important, est aussi de rappeler que les économistes ont beaucoup à dire sur les conflits. Cette discipline souffre encore trop souvent d'une image caricaturale : celle de technocrates enfermés dans leurs modèles, attachés aux équilibres budgétaires plutôt qu'aux drames humains, obsédés par les marchés plutôt que par les sociétés. Pourtant, derrière les équations, les données et les courbes, se déploie une ambition profondément politique : comprendre les mécanismes à l'œuvre dans les sociétés humaines, mettre en lumière les incitations qui nourrissent la violence, et éclairer les politiques susceptibles d'en prévenir ou d'en atténuer les effets. Ce livre s'inscrit pleinement dans cette démarche.

Le parti pris de cet essai est de se concentrer essentiellement sur la question des conflits civils, que l'on peut définir comme des affrontements armés opposant des acteurs étatiques et non étatiques à l'intérieur des frontières d'un même pays. Comme nous le verrons tout au long de l'ouvrage, ces conflits sont protéiformes : selon les contextes nationaux, les périodes historiques ou les dynamiques locales, les acteurs impliqués, les enjeux et les formes que prend la violence peuvent considérablement varier. Néanmoins, au regard de l'actualité internationale au moment de la rédaction de cet ouvrage, il m'a semblé important de proposer également des clés de lecture pour comprendre les causes et les conséquences de l'invasion de l'Ukraine par la Russie, ainsi que de la guerre que mène aujourd'hui Israël contre l'État palestinien, en réaction aux attaques du 7 octobre 2023.

Les conflits armés ont ceci de tragique qu'une paix acquise aujourd'hui ne promet en rien la paix de demain. Dans l'un des premiers travaux statistiques sur cette question, Paul Collier et ses coauteurs (2003) estiment qu'environ 40 % des pays replongent dans un conflit armé dans les dix ans suivant un accord de paix, soulignant ainsi l'existence d'un véritable piège à conflit, ou cercle vicieux de la violence. Lors d'une intervention consacrée aux coûts des conflits, organisée à Montpellier par le collectif Humains et Dignes, une question m'a été posée : pourquoi utiliser l'expression « cycle de violence » plutôt que celle de « cercle de violence » ? Ma réponse, hésitante, fut que cela ne venait que d'une simple traduction littérale du terme anglais largement employé dans la recherche académique *(vicious cycle of violence)* et sans réflexion spécifique sur l'usage précis du terme. Cette question m'a marqué, car elle révèle, en creux, une divergence d'interprétation quant à la nature même de la violence et aux mécanismes par lesquels elle se reproduit. Réflexion faite, à mes yeux la notion de cercle de violence renvoie à une logique de répétition, où la violence s'inscrit dans une suite d'actions et de réactions souvent symétriques, dans laquelle l'agresseur d'un jour devient la victime du lendemain, et inversement. Ce processus circulaire tend à estomper progressivement la distinction entre l'offense initiale et la riposte, entre la légitimité et l'illégitimité, au profit d'une dynamique où la violence semble se justifier par elle-même. Le « cercle de violence » permet d'éclairer certains types de conflit, notamment ceux qui sont enracinés dans des antagonismes communautaires ou interpersonnels, et où la mémoire des torts passés nourrit une spirale de représailles. Cette logique est souvent animée par le ressentiment, la peur, ou encore le désir de vengeance. Le « cycle de violence » renvoie à une logique sensiblement différente. Je pense qu'il désigne un enchaînement de mécanismes dans lequel la violence ne se contente pas de se reproduire : elle engendre des conditions socio-économiques ou institutionnelles qui en accroissent la probabilité de réapparition. Pour prendre un exemple sur lequel je reviendrai plus loin dans cet ouvrage, la violence tend à détruire les capacités productives d'un territoire, à affaiblir les institutions étatiques, à exacerber les inégalités ou à fragiliser les liens sociaux. Ces effets, en retour, créent un terreau favorable à la résurgence du conflit. Le cycle est dit vicieux en ce qu'il articule une dynamique cumulative : chaque étape accroît les vulnérabilités existantes et rend plus difficile l'émergence d'une paix durable. En distinguant ces deux formes de récurrence, on met en lumière la diversité des mécanismes qui sous-tendent la persistance de la violence. Tandis que le cercle de violence souligne la dimension relationnelle et immédiate du conflit, le cycle vicieux de violence en révèle la profondeur structurelle et la temporalité étendue. Cette distinction me semble désormais essentielle dès lors que l'on cherche à comprendre et à rompre les logiques de conflit. À ce titre, je suis profondément reconnaissant à cette inconnue qui a relevé mon anglicisme.

L'ouvrage s'organise en trois chapitres, chacun apportant un éclairage distinct, mais que j'espère complémentaire, sur les multiples dimensions de la violence, avec en toile de fond la problématique récurrente des cycles de violence. L'analyse s'appuie sur les résultats empiriques les plus récents et les principales hypothèses théoriques formulées dans la littérature. S'il existe une certitude à propos des conflits armés, c'est qu'ils ne sauraient être réduits à une cause unique. Ils procèdent au contraire d'un enchevêtrement de facteurs économiques, sociaux, politiques, religieux, ethniques ou historiques, dont les interactions varient selon les contextes. À cette complexité des causes s'ajoute une grande hétérogénéité des acteurs impliqués : États, groupes armés, entreprises publiques ou privées, organisations internationales, ONG, sans oublier les citoyennes et citoyens, trop souvent cantonnés au rôle de victimes, alors même qu'ils participent pleinement à ces dynamiques. Le premier chapitre revient sur les principaux déterminants de la violence : le rôle de la pauvreté et des inégalités, la question foncière, l'exploitation des ressources naturelles, mais aussi le dérèglement climatique, l'un des plus grands défis des décennies à venir, et les multiples façons dont il alimente ou transforme les dynamiques conflictuelles.

Les réseaux sociaux ont accéléré et popularisé les guerres, en ce sens qu'ils inondent désormais notre quotidien d'images, de vidéos et de récits donnant à voir, parfois brutalement, les conséquences humaines et matérielles des conflits. Le second chapitre, consacré aux coûts de la violence, vise à analyser en profondeur l'ampleur, la complexité et les mécanismes de ces coûts. Il s'attache notamment à mettre en lumière des dimensions souvent négligées : l'impact sur l'enfance, le genre, la cohésion sociale, les migrations, les perturbations des chaînes de valeur, mais aussi l'existence d'acteurs pouvant tirer profit du conflit. Ce chapitre s'inscrit également dans l'idée que toute intervention, qu'elle soit publique ou privée, repose, explicitement ou non, sur une analyse coûts-bénéfices. Être en mesure de documenter de manière précise les différents coûts d'un conflit permet d'éclairer, avec rigueur et transparence, les gains potentiels d'un arrêt des violences. Il s'agit ainsi d'offrir une grille de lecture utile aux décideurs confrontés à l'urgence ou à la persistance des conflits.

La violence n'est pas un phénomène nouveau, et les acteurs locaux, nationaux comme internationaux n'ont jamais été totalement inactifs face à elle. Depuis des décennies, une multitude de politiques ont été mises en œuvre pour tenter de prévenir les conflits, d'y mettre fin, ou d'en limiter les conséquences. Le troisième et dernier chapitre s'attarde sur ces dispositifs et politiques publics, qu'ils aient été couronnés de succès ou se soient soldés par des échecs, en s'appuyant sur une large palette d'initiatives : efforts de médiation, interventions militaires et économiques, sanctions internationales, aide au développement, programmes de réintégration des anciens combattants, ou encore rôle central du financement des groupes armés. Il se conclut sur l'un des vecteurs les plus puissants de ces dynamiques de violence : les médias.

Je suis convaincu que l'une des originalités de ce livre réside dans l'articulation de ses trois chapitres. Là où nombre d'ouvrages se concentrent exclusivement sur les causes, les conséquences ou les réponses aux conflits, j'ai souhaité les aborder conjointement. Car on ne saurait comprendre les dynamiques de la violence sans explorer à la fois ses racines, ses effets profonds, et les leviers, institutionnels, citoyens ou internationaux, susceptibles d'y répondre. C'est aussi une manière de contredire la célèbre citation de George Orwell selon laquelle « la guerre n'est pas destinée à être gagnée, elle est destinée à être perpétuelle[1] ».

1. « *The war is not meant to be won, it is meant to be continuous* », traduction de l'auteur.

CHAPITRE I

Aux origines des conflits : facteurs économiques, politiques et sociaux

1

Pourquoi les hommes font la guerre : cartographie d'un engrenage

Pendant de nombreuses années, la science économique a largement contribué à la compréhension des déterminants de la violence, notamment à travers l'élaboration de modèles théoriques riches et stimulants. La révolution empirique, sur laquelle je reviendrai, a marqué une rupture importante, en renouvelant en profondeur notre manière d'appréhender les conflits. Dans un ouvrage tel que celui-ci, la tentation, assez naturelle pour le lecteur, et je l'avoue, encore plus pour moi-même, aurait été de faire l'impasse sur ces contributions théoriques, pour plonger directement dans le monde fascinant des données. Pourtant, la théorie a cette vertu irremplaçable qu'elle offre un cadre de pensée structurant et des grilles de lecture précieuses, qui nous accompagneront tout au long de ces pages. Mon objectif n'est pas de dresser un inventaire exhaustif des approches théoriques, mais de proposer une grille de lecture articulée à deux grandes familles de déterminants : les facteurs économiques, d'une part, et les facteurs non économiques, d'autre part. Il est toutefois essentiel de garder à l'esprit que cette distinction, utile sur le plan analytique, est rarement aussi tranchée dans la réalité. Les conflits s'enracinent presque toujours dans l'entrelacs de logiques économiques et non économiques, dont les frontières sont poreuses, voire indissociables.

Comprendre l'irrationnel apparent : les logiques non économiques du conflit

À première vue, la guerre est un phénomène paradoxal. Extrêmement coûteuse en vies humaines, en ressources et en stabilité, elle semble irrationnelle quand on l'imagine menée par des acteurs supposément rationnels et calculateurs. Si les protagonistes d'un conflit ont une idée, même grossière, de leurs chances de victoire et des coûts associés à un affrontement, pourquoi ne pas parvenir à un accord négocié qui reproduise les rapports de force sans recourir à la violence ? Autrement dit, pourquoi ne pas substituer à la guerre un transfert pacifique, moins coûteux mais équivalent en résultats ?

Cette intuition, très présente dans la littérature économique moderne, fonde ce que certains appellent « le puzzle de la guerre ». Or, l'Histoire, récente ou ancienne, nous l'enseigne avec précision : les conflits sont fréquents, répétés et très régulièrement durables. Pour résoudre ce paradoxe apparent, je vais présenter quelques mécanismes qui rationalisent ou du moins rendent compréhensible l'entrée en conflit[1].

1. Je ne peux que conseiller l'ouvrage récent de Chris Blattman, *Why We Fight*, qui revient en détail sur ces déterminants non économiques qui sous-tendent historiquement de nombreux conflits.

Le monopole de la décision : quand la guerre sert les élites

L'un des ressorts fondamentaux et immuables du conflit réside dans la nature de ceux qui en décident. Lorsqu'un petit groupe de dirigeants concentre le pouvoir politique et économique, sans contre-pouvoirs effectifs, la tentation de la guerre devient plus grande. Ce phénomène, malheureusement fréquent, s'explique par le fait que les décideurs ne supportent pas directement les coûts de la guerre mais peuvent en tirer des bénéfices privés (politiques, économiques ou idéologiques). Ce mécanisme est d'autant plus puissant qu'il s'inscrit dans des contextes institutionnels, sociaux et économiques fragiles. Lorsque les institutions politiques sont faibles ou autoritaires, les contre-pouvoirs nécessaires pour empêcher des décisions unilatérales sont inexistants. L'absence de mécanismes de responsabilité politique (parlement indépendant, justice autonome, presse libre) permet à un dirigeant ou à une coalition étroite de prendre des décisions engageant tout un pays sans en assumer les conséquences directes. Plus le pouvoir est centralisé, plus les décisions peuvent être prises dans l'intérêt d'un petit cercle, sans égard pour le coût collectif de la guerre. L'exemple de la Russie de Vladimir Poutine et de l'invasion de l'Ukraine, qui a été décidée par un pouvoir personnel peu contraint, illustre parfaitement ce type de logique. Malgré les coûts humains et économiques considérables pour la société russe, cette décision s'est imposée dans un système politique verrouillé, où les incitations personnelles du dirigeant, en matière de sécurité du régime, de prestige international ou de mobilisation nationaliste, ont prévalu sur toute forme de délibération collective ou de prise en compte des intérêts à long terme de la population.

La probabilité de conflit est exacerbée dans les sociétés où les préférences sociales sont fortement fragmentées, notamment le long de lignes ethniques, religieuses ou linguistiques. Dans de tels contextes, les élites peuvent instrumentaliser ces clivages pour consolider leur pouvoir, en désignant des ennemis intérieurs ou extérieurs, en attisant les tensions identitaires, ou en mobilisant une partie de la population contre une autre. La guerre devient alors un outil de polarisation et de domination, parfois même de survie politique.

Enfin, lorsque les élites économiques sont déconnectées du tissu productif national, les incitations à préserver la paix s'étiolent. Si le pouvoir économique repose sur l'extraction de ressources naturelles facilement monétisables (diamants, pétrole, or, etc.) ou sur l'accès à des rentes politiques, alors la guerre ne représente pas nécessairement une menace pour les revenus des élites, elle peut même les accroître. Ce type d'économie, parfois qualifiée de rentière, est peu sensible aux effets de la destruction des infrastructures, de la désorganisation des marchés ou de l'effondrement des chaînes de valeur : la prospérité des élites repose sur le contrôle de flux spécifiques, souvent illicites ou clientélistes, qui peuvent se maintenir, voire prospérer en temps de guerre.

De l'ignorance stratégique à la guerre

Le conflit, parfois, n'est ni vengeance ni prédation. Il naît dans l'ombre du doute. Lorsque deux groupes s'observent sans réellement se connaître, lorsque chacun ignore la véritable force, la détermination ou la résilience de l'autre, le conflit devient un moyen brutal et coûteux d'extraire de l'information. Il lève le voile sur ce que les discours ne peuvent trancher : qui cédera, qui tiendra, qui dominera. Ce mécanisme repose profondément sur une asymétrie d'information. Chacun des camps nourrit ses propres croyances sur la capacité de l'autre à mobiliser des troupes, sur la loyauté de ses soutiens, sur sa légitimité politique ou sur l'efficacité de ses dispositifs militaires. Et dans les zones grises de ces incertitudes, se joue l'escalade. Notre actualité est riche de signaux coûteux, dont l'unique objectif, bien que rarement assumé officiellement, est souvent de dissuader sans entraîner d'escalade : défilés militaires, démonstrations de force, manœuvres à la frontière, discours martiaux, voire attaques limitées. Mais voilà : lorsque ces signaux ne sont pas perçus, ou que les (futurs) belligérants refusent d'y voir des messages crédibles et riches d'enseignements, l'affrontement devient un révélateur (tragique) de la vérité stratégique.

Sans confiance, la paix dans une impasse

Dans toute relation humaine durable et sincère, la confiance est un élément crucial, et il en va de même lorsqu'il s'agit de conflit. Même dans un monde, probablement virtuel, où la vérité serait connue de toutes les parties, où les termes d'un accord équitable seraient présents, la paix pourrait rester hors de portée en l'absence de confiance mutuelle. Ce que l'on appelle « le problème d'engagement » naît précisément ici : dans l'impossibilité, pour l'un des deux camps, de garantir à l'autre qu'il respectera l'accord une fois qu'il en aura tiré profit. Car les rapports de force évoluent, les régimes tombent, les armées se renforcent, les ressources s'épuisent. Et à chaque variation du contexte, une incitation nouvelle à rompre l'équilibre surgit. Ce qui paraît raisonnable aujourd'hui peut devenir inacceptable demain. Lorsque les institutions sont absentes, discréditées ou impuissantes, aucun contrat ne devient véritablement contraignant. En conséquence, aucun traité, aucune promesse, aucune parole ne peut garantir qu'un territoire ne sera pas repris, qu'un pouvoir partagé ne sera pas capté, qu'un armement ne sera pas réactivé. La guerre devient alors une course préventive, une manière d'ancrer un avantage avant qu'il ne disparaisse, ou de neutraliser une menace avant qu'elle ne mûrisse. Ce mécanisme éclaire, de manière tragiquement évidente, la persistance de certains conflits qui s'étendent sur des décennies, à commencer par celui qui oppose aujourd'hui Israël et la Palestine. Dans ce cas comme dans d'autres, la difficulté à garantir l'application durable d'un accord, l'instabilité des rapports de force, et la profonde défiance entre les acteurs rendent la paix non seulement difficile, mais structurellement fragile. Dans ces circonstances, la paix n'est pas rejetée, elle est simplement intenable. Et il suffit que l'un des deux camps le sache pour que l'engrenage s'enclenche.

Conflits enracinés dans les valeurs et les symboles

Comme déjà décrit, une part significative de la violence repose sur des motivations non économiques, difficilement modélisables dans les cadres standards de l'analyse coût-bénéfice. Dans ces situations, la guerre ne vise pas uniquement des ressources ou des avantages stratégiques : elle devient une expression de valeurs, de croyances ou d'identités, parfois perçues comme non négociables. Cette dimension idéologique et identitaire transparaît dans l'invasion de l'Ukraine par la Russie. Bien que des objectifs géopolitiques et économiques puissent être présents, le discours justifiant l'agression mobilise des arguments historiques, civilisationnels et culturels, dans lesquels la négation de la souveraineté ukrainienne est pensée comme un impératif symbolique. Le conflit mené par Poutine dépasse la simple conquête territoriale : il se construit comme une affirmation d'identité, une volonté de restaurer une grandeur perçue comme perdue, ou de réparer une humiliation passée. Dès lors, l'espace de compromis se réduit drastiquement.

Au-delà de la guerre en Ukraine, plusieurs facteurs peuvent alimenter ce type de conflit. Tout d'abord la vengeance qui constitue une motivation puissante, notamment lorsqu'un groupe estime avoir subi une humiliation, avoir été dépossédé d'un bien ou victime d'une injustice. Dans ce cas, la violence est perçue comme une forme de réparation, même si elle n'apporte dans l'immédiat aucun gain matériel. Les idéologies et les croyances religieuses ou politiques jouent également un rôle central. Elles peuvent structurer des préférences où le compromis est impossible car perçu comme une trahison. Ces préférences, souvent qualifiées de non standards, étendent l'espace dans lequel la guerre peut paraître un choix rationnel pour les acteurs concernés. Elles réduisent considérablement la portée des négociations possibles, puisque les objets du litige ne se prêtent pas à un partage ou à une monétarisation. Dans de tels contextes, le conflit devient difficilement arbitrable, précisément parce qu'il touche à des registres symboliques ou moraux, et non à de simples intérêts matériels.

Le conflit comme erreur de jugement

Tous les conflits ne sont pas le produit d'intérêts divergents parfaitement compris. En effet, ils peuvent naître tout simplement de mauvaises anticipations. L'incertitude, la complexité des situations et les limites cognitives des acteurs conduisent à des erreurs de jugement qui, rétrospectivement, rendent l'entrée en guerre difficile à justifier. Les travaux récents sur la rationalité limitée ont profondément renouvelé notre compréhension de ces dynamiques. Même dans des environnements très stratégiques où les conseillers sont légion, les décideurs peuvent être sujets à des biais systématiques : surestimation des chances de victoire, sous-estimation des capacités de résistance de l'adversaire, mésinterprétation des signaux envoyés, ou encore réactions impulsives face à une provocation perçue. La psychologie cognitive montre que ces erreurs ne sont ni anecdotiques ni réservées à des acteurs inexpérimentés : elles affectent aussi les élites politiques et militaires, en particulier dans des contextes où la pression temporelle, l'opacité de l'information et l'enjeu symbolique exacerbent les distorsions de perception. Certaines guerres apparaissent ainsi, avec le recul, comme des décisions contre-productives, mal évaluées, voire irrationnelles. Non parce que leurs causes étaient obscures, mais parce que les représentations mentales des protagonistes étaient faussées. Dans de tels cas, la guerre devient le symptôme d'un échec cognitif collectif, pas uniquement individuel, plus que celui d'un calcul stratégique froid.

L'altruisme communautaire comme moteur central de la violence

Louis Dunia, Raúl Sánchez de la Sierra et Hilary Yu (2025) opposent de façon convaincante la vue typique des économistes selon laquelle la participation à la violence est essentiellement motivée par des incitations matérielles alors que dans d'autres domaines, de l'anthropologie à la biologie évolutionnaire, la violence est considérée comme un mécanisme de défense au service du groupe. L'objectif de ces chercheurs est d'apporter une preuve empirique rigoureuse du rôle que peuvent jouer l'altruisme ou les motivations prosociales dans la participation à la violence, ou, pour le dire de façon plus schématique, comment l'esprit de groupe peut conduire à commettre toutes les formes de violence au nom des intérêts du groupe. Apporter une réponse à cette question ô combien cruciale nous heurte à de nombreux obstacles, notamment celui d'observer l'engagement individuel dans un groupe armé. Traditionnellement, le terrain d'étude était celui des anciens combattants avec la limite que, par définition, seuls ceux qui avaient survécu pouvaient témoigner, ou à travers des données officielles de l'armée mais sans information sur les motivations profondes de l'engagement. Les chercheurs vont au-delà de cet écueil, en mettant en place un système de notification en temps réel intégré aux ressources humaines d'une milice congolaise. Ce dispositif leur permet de recenser tous les candidats à l'enrôlement entre 2019 et 2022 et de les comparer à d'autres jeunes issus du même village et parfois du même ménage. Grâce à ces données inédites, ils mettent en évidence l'existence, dès avant l'engagement, des préférences prosociales marquées à l'égard du groupe d'appartenance, combinées à une forte indifférence, voire une hostilité envers les groupes perçus comme ennemis. Autrement dit, les individus les plus enclins à rejoindre la milice présentent déjà une disposition morale polarisée, dans laquelle le sacrifice pour les siens est valorisé tandis que la souffrance des autres est relativisée, voire niée. L'analyse montre ensuite que ces traits ne sont pas figés : ils s'intensifient après l'enrôlement. Le temps passé dans le groupe renforce l'empathie pour les membres du collectif et accroît l'indifférence à l'égard de l'ennemi. Cette évolution suggère un processus d'inculcation progressive d'une culture guerrière, fondée sur des normes morales propres au groupe, où tuer l'ennemi devient non seulement acceptable, mais perçu comme un devoir moral. Ainsi, les préférences sociales, à la fois comme condition d'entrée et comme produit de la socialisation dans la milice, apparaissent comme un moteur central de l'engagement violent.

Trop riche pour la paix,
trop pauvre pour la stabilité

La littérature théorique sur les déterminants économiques est dense. Je reviendrai sur les différents travaux mobilisant des données, mais ici je souhaiterais présenter ce qui apparaît comme les mécanismes principaux dès lors qu'on pense aux déterminants économiques. Qui dit économie dit revenu et richesse. Et le lien entre niveau de revenu et violence est loin d'être univoque ; il renvoie à des mécanismes opposés qui coexistent, parfois simultanément.

D'un côté, l'augmentation du revenu peut réduire les incitations individuelles à prendre part à un conflit. Cette dynamique repose sur la notion de coût d'opportunité, centrale en économie : plus les perspectives de revenu légal sont élevées, plus le « prix » à payer pour s'engager dans une rébellion devient important (en plus des coûts sociaux et psychologiques, et probablement aussi physiques). Participer à une action violente, souvent risquée et incertaine, suppose de renoncer à des gains économiques garantis, qu'il s'agisse d'un salaire, d'une activité commerciale ou de l'accès à des services publics. Lorsque les individus peuvent espérer une trajectoire socio-économique ascendante par des moyens pacifiques, les gains espérés d'un changement par la force s'amenuisent. Cette logique est d'autant plus forte que les coûts immédiats de la participation au conflit (perte de revenus, déplacements forcés, répression) viennent s'ajouter aux bénéfices différés et incertains d'une éventuelle victoire. À l'inverse, dans un contexte de pauvreté extrême, où les perspectives économiques sont rares ou absentes, le coût d'opportunité de la violence devient négligeable : la rébellion peut alors apparaître comme une option rationnelle, voire comme la seule issue envisageable pour améliorer sa condition, celle de sa famille voire de sa communauté. *A contrario*, la richesse d'un territoire peut attiser les convoitises, encourager la violence dès lors que cette dernière devient plus lucrative. Dans une logique de prédation ou d'avidité, la richesse et les ressources abondantes de l'autre réveillent l'appât du gain d'acteurs armés qui cherchent à s'en emparer, non pour protester ou revendiquer, mais pour les exploiter. Ainsi, la décision individuelle de recourir à la violence est étroitement liée à la comparaison entre ce que l'on peut espérer en restant dans la légalité et ce que l'on peut potentiellement obtenir en s'engageant dans un groupe armé.

Au-delà des incitations individuelles, la richesse peut aussi exercer un effet ambivalent lorsqu'elle est envisagée à travers le prisme de l'État. Lorsque ce dernier est perçu comme le canal privilégié d'accès à des ressources, qu'il s'agisse de rentes extractives, d'aide internationale ou de circuits de redistribution clientéliste, le contrôle du pouvoir politique devient une finalité en soi, susceptible de justifier le recours à la violence. Dans cette perspective, la violence n'est plus une réponse au dénuement, mais un instrument stratégique visant l'appropriation d'une manne. Ce mécanisme, que l'on peut qualifier d'effet de prédation, est d'autant plus saillant que les ressources convoitées sont localisées (gisements miniers, terres agricoles fertiles...) et que les institutions responsables de leur répartition sont faibles, inexistantes, ou captées par certains groupes. Le pouvoir politique, dans ces configurations, se mue en une clé d'accès exclusif aux ressources, et voit ainsi sa valeur augmenter aux yeux d'acteurs susceptibles d'en disputer le contrôle par la force, en particulier lorsque les institutions démocratiques sont absentes, contestées, ou perçues comme inopérantes. Mais cette même richesse peut également renforcer la capacité répressive d'un État. Dans des contextes de faible légitimité, l'État peut mobiliser ses ressources pour asseoir son autorité, réprimer les mouvements contestataires, qu'ils soient politiques, sociaux ou régionalistes, et perpétuer un ordre fondé sur l'exclusion. Ainsi, un État riche mais faible sur le plan institutionnel peut devenir à la fois la cible et l'instigateur de la violence, alimentant un cercle vicieux dans lequel les ressources nourrissent autant les conflits qu'elles en sont l'enjeu.

2

Les moteurs empiriques de la guerre : ce que les terrains et les données nous apprennent

Notre compréhension scientifique des conflits armés a connu un tournant décisif au milieu des années 2000, avec la mise à disposition de données fiables permettant, enfin, de mesurer systématiquement les conflits. Au-delà de l'indéniable progrès descriptif qu'elles représentent, ces données ont surtout ouvert la voie à une transformation profonde de l'analyse : elles ont permis de dépasser le stade de la simple corrélation, aussi robuste soit-elle, pour entrer dans le champ des relations causales. Et ce n'est pas là une lubie de chercheurs tatillons ! La distinction entre corrélation et causalité est absolument fondamentale, car seule l'analyse causale permet d'identifier avec précision les effets d'un phénomène, de mieux comprendre les mécanismes à l'œuvre, et ce faisant d'éclairer de manière rigoureuse les débats politiques. Or, c'est bien cela l'enjeu : offrir aux décideurs de tous bords des grilles de lecture fondées sur des résultats solides, afin qu'ils soient en mesure, de façon informée et lucide, d'identifier les leviers pertinents pour prévenir l'émergence de conflits, en réduire l'intensité, y mettre un terme, ou encore concevoir des politiques à même de briser durablement les cercles et les cycles de violence.

Cette révolution a impliqué une explosion de la recherche académique sur les déterminants des conflits. Je propose ici une grille de lecture fortement inspirée des travaux récents menés avec mes collègues Julian Marcoux, Thierry Mayer et Mathias Thoenig (2025). Elle consiste à distinguer des déterminants que je qualifierai de « facteurs de pression » (p*ush factors*) et « facteurs d'attraction » (*pull factors*). Les facteurs de pression désignent un ensemble d'éléments structurels ou conjoncturels qui exercent une pression vers la participation à la violence armée, souvent en réduisant les alternatives perçues (ou réelles) à la mobilisation. Il s'agit généralement de conditions défavorables qui créent un terreau propice au déclenchement ou à l'intensification du conflit. Ces facteurs « poussent » donc les individus ou les groupes vers la violence. Les « facteurs d'attraction » désignent des éléments d'attractivité qui incitent activement à la participation à la violence, en offrant des incitations concrètes ou symboliques, attirant ainsi les individus à la violence en leur offrant des bénéfices perçus comme supérieurs aux coûts.

La misère pour terreau, la violence pour récolte

> « Quand les riches se font la guerre,
> ce sont les pauvres qui meurent. »
> Jean-Paul Sartre

En tant qu'économiste, et à la lumière des enseignements de la théorie, la question la plus naturelle consiste à s'interroger sur le rôle que jouent le revenu, la pauvreté et les inégalités de revenu, entre individus ou entre groupes, dans l'émergence des conflits armés. L'histoire, récente comme plus ancienne, regorge d'exemples de pays ou de régions marqués par une grande pauvreté qui ont été le théâtre de violences, parfois d'une intensité extrême.

Qu'il s'agisse du conflit en Sierra Leone (1991-2002), qui a causé plus de 50 000 morts et déplacé 2,5 millions de personnes, ou de celui au Tadjikistan (1992-1997), dont le bilan humain est estimé entre 50 000 et 100 000 morts (certaines sources en évoquant même plus de 150 000), avec plus d'un sixième de la population contraint à fuir, la pauvreté endémique apparaît comme un facteur de déclenchement central. Le Libéria offre un exemple particulièrement dramatique : lors de la première guerre civile (1989-1996), le pays a perdu plus de 200 000 vies, soit environ 8 % de sa population de l'époque, et enregistré 1 million de déplacés. La seconde guerre (1999-2003) a quant à elle fait plus de 50 000 morts supplémentaires et provoqué de nouveaux déplacements massifs. En République démocratique du Congo, les deux guerres d'une intensité exceptionnelle dans les années 1990 ont causé environ 4 millions de morts et des millions de déplacés. Face à l'ampleur du drame, l'ONU y a déployé jusqu'à 17 000 Casques bleus. Si les éléments déclencheurs ont en partie été extérieurs, les causes internes, au premier rang desquelles une pauvreté extrême (le revenu par habitant était de 130 dollars en 1995, soit le deuxième plus bas au monde), ont largement nourri les dynamiques de guerre civile. En Asie du Sud-Est, la crise financière de 1997 a brutalement frappé l'Indonésie, faisant chuter le revenu par habitant de 1 120 à 670 dollars en une seule année. L'instabilité qui s'ensuivit a alimenté, dès 1999, une reprise du conflit armé dans la province d'Aceh, faisant environ 3 000 morts en trois ans. Haïti, enfin, pays le plus démuni du monde, voit son instabilité chronique et ses violences politiques s'alimenter elles aussi d'une pauvreté structurelle, durable et profonde.

Évidemment, la pauvreté n'est pas le seul facteur en jeu. Tout conflit résulte toujours de la conjonction de dynamiques politiques, sociales, économiques et parfois internationales. Le conflit au Tadjikistan, par exemple, ne peut se comprendre sans prendre en compte l'effondrement de l'Union soviétique, qui a laissé derrière lui un vide institutionnel béant. Ce vide a favorisé la résurgence de clivages régionaux et de logiques clientélistes, dans un contexte de polarisation croissante entre islamistes modérés et progressistes d'un côté, et anciens cadres soviétiques hostiles à toute expression de l'islam politique de l'autre. À cela s'ajoute une dimension internationale : la guerre tadjike a été le théâtre d'ingérences multiples, notamment de la Russie et de l'Ouzbékistan, mais aussi de l'Iran et de l'Afghanistan. Or, toutes ces tensions se sont nouées sur un terrain miné par une crise économique majeure, que d'autres pays post-soviétiques ont également traversée : hyperinflation, chômage de masse, désintégration des services publics, autrement dit une paupérisation brutale et rapide de la population. De même, les conflits en République démocratique du Congo s'inscrivent dans l'héritage lourd de décennies de kleptocratie, marquées par un sous-investissement public chronique, un effondrement des infrastructures essentielles et une instrumentalisation systématique des tensions intercommunautaires par le pouvoir central.

À partir de ces exemples dramatiques, une question cruciale se pose : quelle est la contribution réelle de la pauvreté à l'émergence et à la dynamique des conflits armés à travers le monde depuis plus d'un demi-siècle ? Mesurer l'effet propre de la pauvreté, des variations de revenu individuel ou encore des inégalités sur le déclenchement des conflits est un exercice particulièrement complexe, surtout si l'on souhaite identifier un lien de causalité solide, débarrassé des nombreux biais qui en obscurcissent la lecture. Dès lors que l'on tente d'isoler l'effet de la pauvreté sur la violence, plusieurs obstacles majeurs se dressent. Le premier, de nature conceptuelle, est bien connu des chercheurs : il s'agit du biais de causalité inverse. En effet, comme nous le verrons plus loin dans le chapitre consacré aux conséquences des conflits, la guerre appauvrit. Elle détruit le capital humain, les infrastructures, fait fuir les investissements, et creuse les inégalités. Il devient alors particulièrement difficile de démêler les liens de cause à effet : la pauvreté alimente-t-elle les conflits, ou bien les conflits engendrent-ils la pauvreté ? L'ambition pour le chercheur ici est d'évaluer le premier lien, sans être contaminé par le second. Le deuxième biais, bien documenté lui aussi, concerne les variables tierces, susceptibles d'expliquer à la fois la pauvreté et les conflits. C'est notamment le cas des défaillances institutionnelles. Comme l'illustrent plusieurs exemples évoqués précédemment, lorsque les institutions économiques, politiques ou sociales sont fragiles, elles peinent à garantir les droits de propriété, à faire appliquer la loi, ou à offrir des services publics de base. Cette faiblesse institutionnelle provoque mécaniquement un affaissement du tissu économique, qui s'accompagne d'une montée de la pauvreté, mais elle constitue aussi un facteur de risque direct pour l'éclatement de conflits violents, indépendamment de son effet économique. Enfin, un troisième obstacle, d'ordre méthodologique, relève du bon sens empirique : lorsqu'un pays est frappé par une instabilité politique majeure, voire par un conflit armé, la collecte de données statistiques précises et fiables sur le revenu ou le développement économique devient presque impossible, et paraît bien dérisoire au regard de l'urgence humanitaire ou sécuritaire. De plus, recueillir des informations fines sur les revenus suppose l'existence d'un État doté de capacités administratives suffisantes pour identifier les individus, suivre leur situation économique, voire les intégrer dans un système fiscal. Or, ces capacités font souvent défaut dans les pays les plus exposés aux conflits.

Nombreux sont les chercheurs en sciences sociales qui, dans cette quête de causalité, ont dû faire preuve de pragmatisme et d'inventivité. Pour contourner les deux premiers biais, ils ont souvent eu recours aux variations des prix mondiaux des biens, qu'ils soient agricoles, manufacturés ou miniers. L'idée sous-jacente, largement étayée par la littérature empirique, repose sur le fait que les pays concernés par des conflits armés disposent très rarement d'un pouvoir de marché suffisant pour influencer les prix à l'échelle mondiale. Dès lors, ces variations (ou niveaux) de prix peuvent être considérées comme exogènes aux conditions économiques internes de ces pays, ce qui en fait des instruments particulièrement utiles pour identifier des effets causaux. Par ailleurs, cette stratégie présente une vertu supplémentaire : elle permet de contourner la difficulté de mesurer précisément les revenus individuels dans les pays à faibles ressources statistiques. Plutôt que de s'appuyer sur des données souvent inexistantes ou peu fiables, les chercheurs choisissent d'approcher les variations de revenu en exploitant des chocs exogènes, c'est-à-dire indépendants des dynamiques locales, sur les prix mondiaux des biens produits localement, afin d'isoler des fluctuations de revenu qui ne soient pas influencées par les comportements économiques des populations étudiées.

C'est dans cette direction que nous nous sommes engagés avec Nicolas Berman lors de notre première collaboration, en 2015. Fortement inspirés par le travail d'Oeindrila Dube et Juan Vargas (2013), sur lequel je reviendrai, nous cherchions à estimer la contribution des variations des prix des matières premières agricoles (telles que le maïs, le café ou le sorgho) à l'évolution de la violence en Afrique, sur la période 1989 à 2006. L'intuition repose sur une hétérogénéité géographique bien documentée : en raison de différences topographiques, pédologiques et climatiques, les régions africaines présentent des spécialisations agricoles distinctes, et donc des dépendances différenciées vis-à-vis de certaines cultures. Dès lors, une chute du prix mondial d'un bien, par exemple, celle du maïs entre 1996 et 1998 (le prix du boisseau de maïs est passé de plus de 4,5 dollars à l'été 1996 à un peu plus de 2 dollars à l'été 1998)[1], se traduit dans les régions spécialisées dans cette culture par

1. Cette baisse s'explique par un retournement des prix intervenu après une forte hausse entre 1994 et 1996, principalement due à de faibles niveaux de production, en particulier aux États-Unis, en raison de conditions météorologiques défavorables. Le retournement s'opère à partir de 1997, sous l'effet combiné de la crise financière asiatique, qui entraîne une baisse de la demande, et de phénomènes de surproduction

un choc négatif sur les revenus des individus. Ce choc modifie l'arbitrage des personnes concernées : en réduisant leur coût d'opportunité, il peut rendre la participation à la violence armée relativement plus attractive. C'est précisément ce que nous mettons en évidence : lorsque les prix agricoles s'effondrent, les revenus des producteurs chutent, et une hausse significative de la violence est observée. L'effet est d'autant plus marqué dans les régions intégrées aux marchés internationaux, c'est-à-dire dans les zones les plus exposées aux fluctuations des prix mondiaux. Sur le plan quantitatif, l'impact est loin d'être négligeable : une baisse de 10 % du prix des biens agricoles accroît d'environ 20 % la probabilité d'observer des conflits en Afrique. Ce résultat souligne, de manière claire, l'importance du coût d'opportunité dans la compréhension des dynamiques de violence, en particulier dans les contextes où les revenus agricoles constituent la principale source de subsistance.

Les chocs agricoles ont joué, de manière aussi discrète qu'effroyablement déterminante, un rôle central dans l'émergence de nombreux conflits civils au cours du XXe siècle. Le cas du Rwanda, à la veille du génocide de 1994, en constitue une illustration tragique. Dans les années 1980, le café représentait environ 70 % des recettes d'exportation du pays, assurant une source de revenu essentielle pour des centaines de milliers de petits producteurs, majoritairement hutus. Or, la chute brutale des cours mondiaux du café, conjuguée à la mise en œuvre de politiques d'ajustement structurel imposées par le FMI

---

dans plusieurs pays (Chine, Argentine, Union européenne, Hongrie, Roumanie), créant ainsi un déséquilibre entre l'offre et la demande.

et la Banque mondiale, a provoqué un effondrement des revenus agricoles et plongé le pays dans une crise économique majeure. Cette dégradation soudaine des conditions de vie a nourri un profond ressentiment, exacerbé les tensions sociales et ouvert la voie à la diffusion de discours haineux. Dans ce contexte de précarisation généralisée et d'érosion des repères, la mobilisation vers la violence s'est accélérée. Loin d'être anecdotique, le rôle des ressources agricoles s'impose ici comme une clé de lecture incontournable pour comprendre le glissement vers l'horreur.

Ni État ni chaos : les ordres des groupes armés

Si la pauvreté joue sans doute un rôle crucial pour comprendre pourquoi des individus sont poussés vers la violence, elle ne suffit pas à expliquer la dynamique collective qui conduit à l'émergence d'un conflit armé. Un élément décisif intervient : la coordination de ces individus. C'est à ce stade que les groupes armés entrent en scène. Un groupe armé désigne une organisation structurée, distincte des forces armées régulières d'un État, recourant à la violence pour poursuivre des objectifs multiples, qu'ils soient politiques, économiques, communautaires ou idéologiques. Il est d'ailleurs fréquent que ces objectifs soient à la fois combinés et évolutifs, au gré des perspectives et des rapports de force. La composition de ces groupes est variée : elle peut inclure des acteurs étatiques dissidents, des mouvements rebelles, des milices communautaires, des groupes criminels, ou encore des organisations hybrides mêlant plusieurs de ces dimensions.

Tous partagent néanmoins certaines caractéristiques : une forme de permanence, une hiérarchie interne plus ou moins formalisée, et une capacité à mobiliser, armer, et surtout contrôler des combattants.

Depuis 2005, sous l'impulsion de Clionadh Raleigh, un groupe de chercheurs alimente en temps réel une base de données mondiale sur la violence politique et les manifestations violentes (Armed Conflict Location & Event Data Project, ACLED). Cette base recense notamment la nature des violences, les groupes impliqués ainsi que la localisation précise des événements. En 2024, l'ACLED identifie 420 organisations politiques à travers le monde ayant pour objectif de renverser un régime en place par le recours à la violence. Parmi elles, 45 % sont actives en Asie (comme l'armée pour l'indépendance Kachin et l'armée de libération nationale Ta'ang, en Birmanie, ou encore le Tehrik-e-Taliban, au Pakistan), 22 % en Afrique (avec des groupes comme l'Armée de libération Oromo ou encore Al Shabaab, en Éthiopie) et 21 % au Moyen-Orient (ou l'on retrouve les Forces démocratiques syriennes ou encore l'État islamique). Sur la même période, l'ACLED répertorie plus de 1 800 milices politiques actives. Celles-ci ne visent pas nécessairement à renverser le pouvoir en place, mais cherchent à peser sur la scène politique par l'usage de la violence. Souvent soutenues, armées ou tolérées par des élites, près de 45 % de ces milices sont en Asie, plus de 20 % en Amérique latine, et environ 14 % en Afrique. Enfin, ACLED enregistre plus de 1 500 milices identitaires, organisées autour d'une appartenance commune, qu'elle soit ethnique, religieuse ou régionale. Leurs actions souvent locales visent à protéger les ressources ou le pouvoir local à travers l'usage de la violence. Ces groupes sont majoritairement présents en Afrique (plus de 55 %) et au Moyen-Orient (environ 30 %).

Il convient de souligner que le recensement des groupes armés est un travail de longue haleine, mais un préalable essentiel pour espérer mener des campagnes de démobilisation efficaces. Par exemple, en République démocratique du Congo, le Programme de désarmement, démobilisation, relèvement communautaire et stabilisation (P-DDRCS) a recensé 252 groupes armés locaux et 14 groupes étrangers actifs dans cinq provinces de l'est du pays (Ituri, Nord-Kivu, Sud-Kivu, Maniema et Tanganyika)[1]. Dans le dernier chapitre, je reviendrai en détail sur le fonctionnement de ces campagnes, les effets qui en ont été observés, ainsi que les enseignements que nous pouvons tirer pour penser la forme optimale de telles politiques.

Il serait tentant, et psychologiquement plus confortable de réduire l'activité des groupes armés à l'exercice exclusif de la violence. Pourtant, une telle vision simplificatrice passerait à côté de l'essentiel : la capacité de nombre de ces acteurs à s'imposer également par la gouvernance et la fourniture de biens publics. Certains groupes cherchent à asseoir leur légitimité ou à renforcer leur contrôle territorial en assurant des services tels que l'éducation, la justice, la sécurité locale, ou encore la santé. Cette stratégie permet non seulement de gagner le soutien, ou a minima

1. Ces chiffres ont été révélés le 18 avril 2023 devant la presse par le coordonnateur national de ce programme, Tommy Tambwe Ushindi. Source : Radio Okapi (« Information pour la paix et le développement de la RDC »).

la tolérance des populations locales, mais aussi de concurrencer l'État en prétendant incarner une alternative crédible, voire supérieure, à une autorité étatique défaillante. Les exemples sont légion. Megan Stewart, dans un article publié en 2018, souligne qu'environ 70 % des groupes armés limitent l'accès aux biens publics aux seuls membres ou soutiens potentiels du mouvement. Toutefois, certains groupes, lorsque leurs capacités financières, humaines et logistiques le permettent, étendent la fourniture de services à l'ensemble des populations vivant dans les territoires qu'ils contrôlent. L'exemple de l'État islamique est désormais bien connu : au-delà de sa brutalité, le groupe a su imposer une forme de gouvernance, en rétablissant des services sociaux et infrastructures essentiels dans certaines zones sous son contrôle : construction de routes, ouverture d'écoles et d'hôpitaux, maintien de l'électricité, gestion des déchets, jusqu'à la distribution… de contraventions de stationnement ! Dans un registre plus restreint, le Front révolutionnaire uni (RUF), en Sierra Leone, a mis en place quelques cliniques et écoles, mais uniquement dans les zones sous son contrôle total. Le Parti révolutionnaire du peuple éthiopien (EPRP) a également offert des services d'éducation et de santé, dont des soins en acupuncture, mais à une condition : que les paysans cessent de payer leurs impôts au régime en place. À l'inverse, certains groupes sécessionnistes ont adopté une logique de gouvernance inclusive, en ciblant l'ensemble de la population. Le New Mon State Party (NMSP), actif dans l'État Môn, en Birmanie dans les années 1970, a établi un système scolaire indigène impressionnant, avec un lycée, plusieurs écoles intermédiaires, près d'une centaine d'écoles primaires, et un programme éducatif autonome. Le Front Polisario, au Sahara occidental, fournit quant à lui des services d'éducation et de santé à l'ensemble des habitants des zones qu'il administre. Le cas du Front populaire de libération de l'Érythrée (EPLF) est sans doute l'un des plus aboutis et emblématiques de ce phénomène : entre 1970 et 1993, ce mouvement sécessionniste a développé un véritable appareil de santé et d'éducation parallèle. En 1978, il comptait 22 unités médicales mobiles, 24 cliniques fixes, 7 hôpitaux, desservant environ 1,6 million d'Érythréens. En 1982, plus de 10 000 personnes suivaient des cours d'alphabétisation organisés par le mouvement (Desta, 2009). Dans un contexte différent, lors de la crise du Covid-19, plusieurs groupes armés ont également pris part aux efforts de gestion sanitaire dans les territoires qu'ils contrôlaient. C'est notamment le cas des talibans, de certains groupes des favelas au Brésil ou encore de cartels mexicains. Leurs interventions ont revêtu des formes variées, allant de la diffusion de messages de prévention à la distribution de kits de santé.

Cette logique stratégique s'inscrit dans ce que la littérature récente désigne sous le terme de gouvernance rebelle. Elle repose sur l'idée que, dans de nombreux contextes de conflit, l'objectif des groupes armés ne se limite pas à défaire militairement l'État ou à rivaliser avec d'autres factions. Il s'agit aussi, et souvent surtout d'organiser un ordre social alternatif dans les territoires qu'ils contrôlent. Cet ordre passe par l'imposition de règles, l'arbitrage des différends, la régulation des activités économiques, mais aussi la fourniture de biens publics essentiels. En offrant de tels services, les groupes armés cherchent à construire leur légitimité politique, à stabiliser leur pouvoir local, et à réduire la tentation des populations de se tourner vers l'État ou vers des groupes rivaux.

Les recherches récentes en sciences sociales ont profondément renouvelé notre compréhension du rôle des groupes armés dans les guerres civiles, en insistant sur leur capacité non seulement à produire de la violence, mais aussi de façon parfois inattendue à construire des formes alternatives d'ordre et de gouvernance. Dans son livre, Jeremy Weinstein (2007) avance l'idée que le comportement des groupes rebelles vis-à-vis des civils dépend moins de leurs idéaux affichés que de leurs moyens financiers initiaux. Ceux qui disposent de ressources abondantes, comme des rentes issues des ressources naturelles, recrutent souvent des profils opportunistes, plus enclins à piller qu'à bâtir une administration modèle. Faute de sélection rigoureuse, ces groupes sombrent dans la prédation. À l'inverse, les mouvements privés de ressources, ceux qui doivent séduire les populations locales pour survivre, se retrouvent, bon gré mal gré, à fournir des biens publics et à instaurer des formes de gouvernance bien plus disciplinées. Quand l'or ou le pétrole ne coulent pas à flots, il faut bien convaincre autrement. Ana Arjona, Nelson Kasfir et Zachariah Mampilly (2015) prolongent cette réflexion en montrant que la gouvernance rebelle n'est ni exceptionnelle ni marginale : elle est souvent au cœur même du projet politique insurgé. Les groupes armés ne se contentent pas de lever des impôts ou de faire régner la terreur ; nombre d'entre eux administrent l'éducation, la santé, la justice, avec un sérieux qui, par moments, ferait presque pâlir d'envie certains États officiels. L'étendue et la nature de cette gouvernance varient toutefois considérablement selon les ressources disponibles, les ambitions politiques et les liens noués avec les communautés locales. Tantôt autoritaire, tantôt négociée, la gouvernance rebelle s'adapte aux réalités du terrain avec une plasticité remarquable. Megan Stewart (2018) suggère que les groupes armés qui ont des objectifs sécessionnistes adoptent plus généralement une logique inclusive, car leur objectif, qui dépasse le cadre militaire, est profondément politique et symbolique : obtenir la reconnaissance de leur souveraineté sur un territoire donné. Ainsi, offrir des services à toute la population vivant dans ce territoire, sans distinctions entre les groupes ou les partisans, renforce leur légitimité aux yeux des communautés locales, mais aussi des acteurs internationaux, avec l'hypothèse que cela renforcera leur légitimité aux yeux du monde et leurs chances que la communauté internationale reconnaisse leur souveraineté. À l'inverse, les groupes non sécessionnistes, dont l'objectif est de renverser le gouvernement sans créer un nouvel État, misent plutôt sur des services ciblés, réservés à ceux dont le soutien militaire ou politique peut faire basculer le rapport de force, car une victoire militaire leur suffit souvent à atteindre leur objectif. Ana Arjona (2016) apporte un éclairage différent, en distinguant deux types d'ordre : la *rebelocracy*, où les groupes armés interviennent activement dans la régulation sociale (jusqu'à s'occuper parfois des questions de voisinage et des horaires de consommation d'alcool), et l'*anocracy*, où ils se contentent d'une présence militaire discrète, laissant les affaires civiles suivre leur cours. À travers une enquête minutieuse en Colombie, Arjona montre que la durabilité de ces ordres dépend moins de la force brute que de la capacité à négocier avec les structures sociales existantes, ou du moins à s'en accommoder.

Pris ensemble, ces travaux dessinent une image plus nuancée (parfois étonnamment bureaucratique !) des groupes armés. Loin d'être de simples machines à violence, ils apparaissent souvent comme des entrepreneurs politiques pragmatiques, capables d'improviser, de gouverner, voire… de faire mieux que l'État absent qu'ils prétendent remplacer. Cette dynamique met en lumière un point central : le rôle de l'État, ou, plus exactement, son absence. Comme l'enseignait Aristote, la nature a horreur du vide. De la même manière, dans les contextes de déliquescence étatique, les groupes armés s'engouffrent dans les espaces béants laissés vacants par les autorités publiques, assumant des fonctions de gouvernance et de provision de biens essentielles. Leur emprise ne se limite donc pas à la violence ; elle se construit aussi, voire surtout, sur leur capacité à répondre aux besoins fondamentaux des populations.

Si les formes alternatives de gouvernance sont au cœur du projet politique de nombreux groupes armés, l'argent est le nerf de la guerre (« *pecunia nervus belli* »), une expression qui, ici, prend tout son sens. Faire fonctionner un groupe armé coûte cher, très cher. Bien sûr, obtenir des informations précises sur les coûts relève de la gageure ; néanmoins, quelques données disponibles permettent de corroborer l'idée que le maintien d'une organisation armée implique des coûts considérables. Achim Wennmann (2007, 2011, 2013) propose néanmoins une estimation des coûts de fonctionnement d'un groupe armé, qui, malgré quelques hypothèses, permet de fixer les esprits. Il identifie trois coûts principaux : l'achat d'armes, de munitions, et la rémunération des combattants. Ainsi pour un groupe de 1 000 combattants, il estime les coûts initiaux entre 67 500 et 450 000 dollars, tandis que les dépenses annuelles varient entre 2 et 11 millions de dollars pour un conflit de faible intensité, et entre 4,5 millions et plus 35 millions dans le cas de conflits de haute intensité. Les salaires (estimés entre 2 000 et 10 000 dollars par an par combattant) constituent une part considérable des dépenses dans les conflits à faible intensité (jusqu'à 90 % des dépenses totales). À l'inverse, dans les conflits à haute intensité, ils représentent un tiers des coûts, le reste étant absorbé par les dépenses en matériel, notamment les munitions, dont la consommation s'envole lorsque la violence s'intensifie. Dès lors, une question centrale se pose pour ces groupes : comment financer leur activité militaire, à laquelle peut venir s'ajouter, comme nous l'avons vu, le coût non négligeable de la fourniture de biens publics ?

Quand la terre appelle la guerre

La géographie, plus précisément la localisation des groupes armés, constitue un enjeu stratégique majeur des groupes armés. Il ne s'agit pas seulement du poids symbolique ou politique de certains territoires, sur lequel je reviendrai, mais aussi d'une nécessité pragmatique : opérer dans des zones qui leur offrent les ressources nécessaires au financement de leurs activités et à la poursuite de leurs objectifs politiques ou militaires. En 2009, l'UNEP, le Programme des Nations unies pour l'environnement, écrivait sur le rôle des ressources naturelles et de l'environnement sur les conflits : « Sur les soixante dernières années, on estime qu'au moins 40 % des conflits internes peuvent être associés aux ressources naturelles. Des guerres civiles comme celles du Libéria, de l'Angola ou de la République démocratique du Congo ont tourné autour de ressources dites "de grande valeur" telles que le bois, les diamants, l'or, les minerais ou le pétrole. D'autres conflits, notamment au Darfour ou au Moyen-Orient, ont impliqué le contrôle de ressources rares comme les terres fertiles ou l'eau. »

Sous nos pieds, les racines de la guerre

Deadwood (2004-2006)[1], *Blood Diamond* (2006), *There Will Be Blood* (2007), *Avatar* (2009), *Mad Max : Fury Road* (2015)… quel est le point commun entre ces films et séries, pourtant ancrés dans des contextes si différents, de la ruée vers l'or américaine aux diamants de guerre en Afrique, en passant par des visions dystopiques du futur ? Toutes ces fictions explorent, à leur manière, l'influence déterminante des ressources naturelles, de ces minerais enfouis sous nos pieds, sur la dynamique des conflits. Que le septième et le huitième arts soient aussi prolifiques, qu'il s'agisse de complètes fictions, d'histoires inspirées de faits réels ou de documentaires, en dit long

1. Un grand merci à Pauline qui, au détour d'un café à San Francisco en 2011, m'a soufflé l'idée de regarder cette série fascinante sur la ruée vers l'or dans l'Ouest américain.

sur l'importance des ressources naturelles dans la genèse, la durée et la dynamique des conflits armés.

Au-delà de ces références, l'Histoire, lointaine ou contemporaine regorge de récits où le contrôle de la ressource a été un vecteur important de la violence tout en constituant une manne financière inestimable pour nombre de groupes armés. En Afrique, deux cas tristement emblématiques retiennent l'attention. D'abord, la Sierra Leone (1991-2002), où le commerce illicite de diamants, exploité notamment par le Revolutionary United Front (RUF), a donné naissance à l'expression tristement célèbre de « diamants de sang » (*blood diamonds*). Ensuite, la République démocratique du Congo, peut-être le cas le plus emblématique, tant son sous-sol regorge de minerais stratégiques (or, cuivre, coltan, diamants...) qui ont financé une multitude d'acteurs, allant de groupes rebelles à des armées étrangères, en passant par des unités régulières. Le conflit angolais, d'une durée exceptionnelle (1975-2002), en est une autre illustration : le MPLA a pu s'appuyer sur les revenus de l'or noir, tandis que l'UNITA finançait ses opérations grâce aux diamants. Ce n'est pas anodin si, en 2018, le Secrétaire général de l'ONU, António Guterres, souligne le rôle fondamental des ressources naturelles dans la conflictualité en Afrique, notamment à travers le financement des groupes armés : « Depuis 1990, 75 % des guerres civiles en Afrique ont été partiellement financées par les revenus provenant de ressources naturelles. » Mais le phénomène ne s'arrête pas aux frontières africaines. En Asie, la Birmanie (Myanmar) illustre également le rôle central des ressources dans les conflits : des groupes comme la Kachin Independence

Army (KIA) contrôlent des mines de jade, d'or et de pierres précieuses dans le nord du pays. L'Afghanistan n'est pas en reste : depuis les années 1980, ses gisements de lapis-lazuli, de lithium et de terres rares ont attisé les convoitises et nourri la guerre. L'Amérique du Sud, enfin, offre elle aussi des exemples saillants. En Colombie, le lien entre extraction aurifère et conflit armé est bien documenté. Au Pérou, le Sentier lumineux a cherché à imposer son contrôle sur les régions andines riches en ressources minières, en ciblant aussi bien les sites d'extraction publics que privés.

Parce que la digression fait partie intégrante du bagage, et parfois du charme de l'enseignant-chercheur, je me permets ici un détour par l'actualité brûlante de ce début d'année 2025, moment où j'écris ces lignes. La rédaction de ce livre a été rattrapée par l'élection de Donald Trump aux États-Unis et, avec elle, par une série de déclarations qui, avant même d'atteindre la barrière symbolique des cent jours de présidence, sont venues rappeler, si tant est que cela soit nécessaire, combien les ressources naturelles, en particulier les minerais, restent au cœur des logiques de conflit. Ainsi, dans une proposition aussi brutale que limpide, la Maison-Blanche a suggéré que l'aide militaire américaine octroyée à l'Ukraine sous Joe Biden soit remboursée en totalité par un contrôle direct sur les richesses minières ukrainiennes. Dans cette version moderne de l'antique adage selon lequel l'or est le nerf des guerres, les scènes de négociation, oscillant entre le théâtre et la tragédie, se sont succédé : altercation dans le bureau Ovale entre les présidents Volodymyr Zelensky et Donald Trump soutenu par le vice-président J. D. Vance, échanges feutrés sous les voûtes de la basilique Saint-Pierre lors des obsèques du pape François… Autant de tableaux qui, chacun à leur manière, illustrent la persistance de la vieille équation entre ressources et conflictualité. La République démocratique du Congo non plus n'a pas échappé à ce retour brutal des réalités géopolitiques : en avril 2025, des discussions avec les États-Unis ont esquissé l'idée d'un échange de soutien sécuritaire contre l'accès privilégié des firmes américaines aux ressources minières du pays. Ainsi, d'un continent à l'autre, les formes changent, les décors varient, mais la leçon demeure : dans les guerres modernes comme dans les anciennes, les ressources naturelles restent l'un des nerfs essentiels – et souvent l'un des moteurs avoués ou inavouables – de la conflictualité.

La littérature académique s'est naturellement nourrie de ces récits historiques pour tenter de mieux comprendre les mécanismes par lesquels les ressources naturelles alimentent si fréquemment les conflits armés. Théoriquement, de nombreux mécanismes permettent d'éclairer la relation entre ressources naturelles et dynamiques conflictuelles. D'une part, comme je l'ai déjà évoqué, la présence de ressources facilite l'activité des groupes armés, en leur offrant des occasions de pillage, d'extorsion, voire d'exploitation directe des richesses du sous-sol. Ce dernier cas semble plus rare au regard de la complexité de l'extraction industrielle, mais on le trouve bien plus dans des contextes de mines artisanales (légales, informelles ou illégales). D'autre part, les ressources naturelles accroissent la valeur économique de territoires potentiellement à conquérir, que ce soit par la prise de contrôle d'une région stratégique ou par la capture de l'appareil d'État même. Dans des contextes marqués par une faible capacité étatique et par l'existence d'institutions extractives, cette dynamique est d'autant plus exacerbée : les territoires riches deviennent des proies faciles et attirantes. Mais les ressources naturelles n'agissent pas seulement sur les motivations, elles modifient aussi en profondeur la structure économique locale. L'industrie minière industrielle, par opposition aux formes artisanales, est typiquement intensive en capital : l'extraction repose sur des équipements lourds et extrêmement coûteux. Les tombereaux, ces camions surdimensionnés capables de transporter des tonnes de minerai, dont le prix peut allègrement dépasser le demi-million d'euros, en offrent une image saisissante. Théoriquement, Ernesto et Pedro Dal Bó (2011) montrent que lorsque les prix des ressources s'envolent les investissements affluent vers ces secteurs capitalistiques, au détriment des secteurs intensifs en main-d'œuvre qui, eux, se contractent. Ce réajustement libère une main-d'œuvre abondante et bon marché, que les groupes armés peuvent recruter plus facilement, alimentant mécaniquement la probabilité de conflit. Parallèlement, la richesse minière peut générer de puissantes frustrations sociales. Les dégradations environnementales, l'accès restreint aux emplois miniers les mieux rémunérés ou encore la marginalisation de certaines communautés nourrissent autant de griefs susceptibles de précipiter l'engagement armé. À cela s'ajoute un autre phénomène encore : les migrations internes vers les zones minières. L'afflux massif de populations, qu'il s'agisse de jeunes hommes en quête d'emploi, de groupes déplacés ou d'entrepreneurs informels, transforme la composition démographique locale. Ces mutations, qu'elles concernent l'âge, le genre ou l'ethnicité des populations, créent un terreau fertile pour de nouvelles tensions communautaires.

Toutefois, le lien entre ressources naturelles et conflit n'est pas mécanique. La littérature économique souligne l'existence d'un mécanisme inverse : l'augmentation des revenus locaux générée par l'exploitation minière peut aussi élever le coût d'opportunité de la rébellion. Lorsqu'il devient plus rentable de rester employé dans l'économie légale que de prendre les armes, l'incitation au conflit diminue. Mais, et c'est une nuance essentielle, ce mécanisme pacificateur ne fonctionne que sous certaines conditions. Il suppose une répartition relativement équitable des richesses extraites, un respect minimal des équilibres sociaux, et une reconnaissance des droits des groupes locaux, quelles que soient leurs définitions ethniques, sociales ou territoriales.

La littérature empirique éclaire également, par d'autres voies, notre champ d'analyse. L'article fondateur de cette littérature est l'œuvre d'Oeindrila Dube et Juan Vargas (2013), consacré au cas de la Colombie. Ils comptent parmi les premiers à avoir proposé une analyse empirique de grande qualité, en évitant les écueils que j'ai déjà évoqués à propos de la révolution dans la compréhension et la quantification des phénomènes de conflit, rendue possible par la disponibilité croissante de données et d'outils statistiques susceptibles de relever de nombreux défis. Par ailleurs, le conflit colombien illustre de manière particulièrement frappante les propos précédents : la pauvreté, conjuguée à l'absence de l'État et à l'abondance de ressources à piller, constitue un terreau fertile pour l'émergence et la persistance de la violence organisée. Le conflit armé colombien débute dans les années 1960 avec l'émergence d'une insurrection communiste. À partir des années 1980 et surtout dans les années 1990, il prend une forme complexe et tripartite, opposant trois acteurs principaux : les guérillas de gauche – principalement composées des FARC (Forces armées révolutionnaires de Colombie) et de l'ELN (Armée de libération nationale) –, les forces armées de l'État, et les groupes paramilitaires de droite. Ces derniers se développent à la fin des années 1980, initialement sous forme de milices d'autodéfense organisées par des propriétaires terriens et des narcotrafiquants, en réponse aux pratiques d'extorsion des guérillas. Leur structuration s'intensifie dans les années 1990, culminant en 1997 avec la création officielle des Autodéfenses unies de Colombie (AUC), qui rassemblent alors plus de 15 000 combattants. Si certaines factions affichent une motivation politique, d'autres opèrent comme des armées privées, poursuivant des logiques de rente et de contrôle territorial. La guerre, dès lors, ne se limite plus à une confrontation idéologique, mais devient également un conflit pour le contrôle des ressources et de la population. La violence prend une nouvelle dynamique : les paramilitaires, notamment, ciblent massivement les populations considérées comme proches des guérillas avec l'idée d'installer une terreur sélective visant à détruire le soutien social de l'adversaire. À cette guerre s'ajoute une forte collusion locale entre les paramilitaires et des segments de l'État, aussi bien militaire que politique. Le scandale de la parapolitique dans les années 2000 révélera l'ampleur de ces alliances, certains responsables politiques ayant bénéficié du soutien armé des paramilitaires en échange de faveurs législatives ou judiciaires (Acemoglu, Robinson et Santos, 2013). Ce conflit ne se comprend pleinement qu'à la lumière de son ancrage économique. L'un de ses traits caractéristiques réside dans la prédation systématique des ressources naturelles et des finances publiques par les groupes armés. Dans les régions minières ou pétrolières, les FARC et les AUC siphonnent les rentes, prélèvent l'impôt de manière informelle, kidnappent les élus ou les ingénieurs, et dans certains cas forent eux-mêmes illégalement les pipelines. La privatisation de la violence s'accompagne alors d'une économie parallèle dans laquelle la guerre devient aussi une affaire de revenu. Enfin, la question de l'enrôlement se révèle intimement liée à la situation économique locale. En l'absence d'emplois formels, nombreux sont les jeunes hommes, souvent ruraux, qui rejoignent les groupes armés, attirés par un salaire supérieur au minimum légal, des compensations en nature, ou simplement l'assurance d'un quotidien stable.

En substance, les auteurs analysent empiriquement les effets des chocs de prix des matières premières sur la violence armée en Colombie de 1988 à 2005. Ils inscrivent, avec succès, leur analyse dans le débat théorique bien établi : les variations de revenu peuvent-elles atténuer ou intensifier les conflits ? Ils apportent un éclairage précis sur deux mécanismes. Tout d'abord, la question du coût d'opportunité qui suppose qu'une hausse de revenu augmente le coût d'entrée dans la rébellion, en améliorant les perspectives économiques légales. À l'inverse, l'effet de rapacité qui postule que la perspective d'un meilleur revenu accroît l'attrait des ressources à piller, stimulant ainsi la violence. Leur objectif est de quantifier la contribution de ces deux théories à la dynamique du conflit colombien.

Ainsi, ils vont considérer les variations (exogènes) des prix internationaux des matières premières, notamment le pétrole et le café (mais aussi le charbon, l'or, le sucre, la banane et le tabac), avec la spécialisation locale des municipalités colombiennes dans ces produits. Ils exploitent un panel de données fines portant sur les attaques de guérilla, les attaques paramilitaires, les affrontements et les morts liées au conflit. Leurs résultats sont sans appel. Une augmentation du prix des biens agricoles, nécessitant une main-d'œuvre abondante pour leur production – comme le café –, sont associés à une baisse de la violence, suggérant que l'effet d'opportunité domine (résultat qui fait écho à celui que nous identifions avec Nicolas Berman pour l'Afrique dans un article de 2015). En revanche, une augmentation du prix des ressources naturelles, intensives en capital, c'est-à-dire nécessitant d'importants investissements en équipements, en technologies ou en infrastructures, comme c'est le cas pour l'extraction de pétrole, est associée à une hausse de la violence, ce qui appuie l'effet de rapacité, comme vu précédemment. Parce qu'il est toujours bon de rappeler l'essentiel, au-delà de la robustesse statistique et de la solidité du lien causal établi, c'est aussi l'ampleur des effets qui mérite l'attention. Et sur ce point, les résultats ne sont pas en reste. Par exemple, la chute du prix du café entre 1997 et 2003 (– 68 %) a provoqué une forte augmentation des violences dans les municipalités colombiennes productrices de fèves : + 18 % d'attaques de guérilla, + 31 % d'attaques paramilitaires, + 22 % d'affrontements et + 14 % de décès liés au conflit. En parallèle, la hausse de 137 % du prix du pétrole entre 1998 et 2005 a entraîné une hausse des violences dans les municipalités pétrolières, notamment des attaques paramilitaires (+14 %) et des enlèvements de responsables locaux.

Raúl Sánchez de la Sierra, économiste dont le travail est profondément interdisciplinaire (à la croisée de la sociologie, de la psychologie, de la science politique et du travail de terrain), réussit avec une grande justesse à faire dialoguer rigueur théorique et immersion concrète, dans des contextes où l'observation directe est aussi essentielle que l'identification causale. En 2020, il a publié un article sur l'émergence de formes étatiques dans les zones de conflit, ici dans le cadre du conflit dans l'est de la République démocratique du Congo. Il montre comment, en l'absence d'autorité centrale, des groupes armés mettent en place des fonctions typiquement étatiques : monopole de la violence, fiscalité, protection des biens, résolution des conflits, et parfois même embryon d'administration judiciaire. À travers l'observation de 650 localités entre 1995 et 2013, il montre dans quelle mesure les ressources naturelles modifient les comportements des acteurs armés. Il compare ainsi deux minerais, l'or, dont le prix a quadruplé entre 2005 et 2012, et le coltan, dont le prix s'est envolé notamment avec la sortie par Sony de la PlayStation 2 et l'incapacité des principaux fournisseurs industriels en Australie de répondre à une demande soudaine.

Mais alors pourquoi l'or et le coltan ? La réponse réside dans la différence intrinsèque de ces minéraux. La production de coltan est facilement observable, ce qui permet la mise en place d'un système de taxation, tout le contraire de l'or dont la production journalière individuelle est plus difficile à observer. Ainsi, lorsque la production est facilement observable et concentrée, comme dans les mines de coltan, les groupes armés instaurent des monopoles territoriaux de la violence, créent des postes de douane illégaux, collectent des taxes à la sortie des mines, et assurent paradoxalement une certaine forme de sécurité. Dans ce cas, ils s'apparentent à des « bandits stationnaires » au sens de Mancur Olson (1993), ou à des proto-États, pour reprendre la terminologie de Charles Tilly (1985). En revanche, lorsque la ressource extraite est difficilement observable et aisément dissimulable, les groupes armés déplacent leur emprise vers les villages où résident les familles des mineurs. Incapables de taxer directement la production, ils développent alors des formes plus élaborées de fiscalité indirecte : permis de travail, taxes sur les marchés locaux, impôt par tête, etc. Ce basculement s'accompagne parfois de la création d'administrations rudimentaires, dotées d'agents de collecte et d'embryons de justice locale. Un résultat complémentaire, et particulièrement intrigant, tient au fait que la présence de « bandits stationnaires » semble s'accompagner d'une amélioration du bien-être des populations, mesurée par la possession collective ou individuelle de bétail, le nombre de mariages enregistrés ou encore l'attractivité migratoire des villages. Cet effet n'est toutefois observé que lorsque ces groupes sont affiliés à des milices locales ou à l'armée congolaise. Lorsqu'il s'agit de groupes armés extérieurs à la communauté, ces bénéfices disparaissent, ce qui souligne toute la complexité des relations entre pouvoir armé, enracinement local, et acceptation sociale.

Dans un article publié en 2017, écrit avec Nicolas Berman, Dominic Rohner et Mathias Thoenig, au titre évocateur (« This mine is mine ! How minerals fuel conflicts in Africa »), nous proposons un éclairage original sur la contribution des ressources minières à la conflictualité sur le continent africain, en mettant en évidence deux résultats particulièrement marquants. Premier constat : entre 1997 et 2010, le prix de la plupart des minerais ont connu une envolée spectaculaire, pour certains il a presque triplé. En combinant des données sur 14 minerais et l'ensemble des pays d'Afrique subsaharienne, nous estimons que cette hausse des prix explique à elle seule jusqu'à 25 % de la violence observée sur la période. Mais au-delà de l'ampleur saisissante de l'effet nous avons identifié un mécanisme à l'œuvre : le financement des groupes armés par la ressource minière. Plus précisément, nous montrons que les pics de prix des minerais extraits dans les régions d'origine des groupes rebelles, souvent leur « territoire ethnique », favorisent la diffusion géographique de leurs opérations militaires au-delà de leur zone de contrôle initiale. Le contrôle d'une ressource devient ainsi un levier stratégique, permettant à ces groupes d'étendre leur rayon d'action. Ce résultat est conforté par une seconde stratégie empirique : en exploitant les données ACLED sur les vainqueurs des batailles, nous montrons que la conquête d'une zone minière accroît significativement la probabilité que le groupe en question commette des violences ailleurs dans le pays dans les années suivantes. Nos estimations sont sans ambiguïté : chaque prise de contrôle d'un site minier triple, en moyenne, l'intensité des activités militaires ultérieures du groupe.

La transition écologique est également un facteur à prendre en compte, quoique cette question puisse paraître à mille lieues de notre sujet. La raison est aussi simple que vertigineuse : dans les trente prochaines années, l'Homme aura extrait autant de minéraux que ce que l'Humanité a extrait jusqu'à présent, depuis des millénaires ! Ce chiffre, donné par Marieke Van Lichtervelde, géologue, lors d'une interview au journal *Libération* en juin 2023, est corroboré par de nombreuses études. Ainsi, l'Agence internationale de l'énergie a mis en place un outil statistique qui propose une projection de la demande pour les minerais dits critiques, indispensables à la transition écologique. En effet, les nouvelles technologies, qu'il s'agisse du solaire photovoltaïque, des batteries ou encore des éoliennes, se révèlent particulièrement gourmandes en ressources minérales. Ainsi, dans un scénario zéro émission nette à l'horizon 2050, la demande mondiale en minerais connaîtrait une explosion par rapport aux niveaux de 2023. Selon les projections, la demande de cuivre devrait croître de 50 %, tandis que celle du cobalt, du nickel et des terres rares serait multipliée par deux. Pour le graphite, la hausse atteindrait plus de 3,5 fois. Mais le chiffre le plus spectaculaire reste celui du lithium, dont la demande pourrait être multipliée par plus de 10 ! Un bond vertigineux, reflet de la place centrale de ce métal dans les technologies de la transition énergétique. Mais qui dit demande dit aussi offre, et donc lieux d'extraction de ces minerais. Et c'est là que le bât blesse : selon les prévisions de l'Agence internationale de l'énergie, qui s'appuient sur les projets industriels annoncés, les réserves connues et les coûts anticipés d'extraction, l'offre de certains minerais essentiels à la transition énergétique pourrait ne pas suivre la demande. En effet, si des investissements suffisants sont déjà engagés pour augmenter significativement la production de lithium et de graphite (qui pourrait doubler d'ici à 2040), ou encore de nickel (+ 25 %) et de terres rares (+ 50 %), d'autres métaux comme le cuivre ou le cobalt risquent de connaître des tensions importantes. Leur extraction est plus complexe, plus coûteuse, et les gisements facilement exploitables se raréfient. Ainsi, la production de cuivre pourrait chuter de plus de 30 %, celle de cobalt d'environ 6 %. Autrement dit, les dynamiques d'offre ne sont pas homogènes : elles dépendent des conditions géologiques, des incitations économiques à investir, et de la maturité des filières d'extraction.

Quels que soient les scénarios envisagés, un constat s'impose : il existe un décalage croissant entre l'offre et la demande de minerais, qui entraînera inévitablement une hausse des prix et, par ricochet, un ralentissement de la transition écologique. De nombreux organismes internationaux, dont la Banque mondiale à travers différents rapports (2017, 2019, 2024), convergent vers l'idée que les mines artisanales vont jouer un rôle de plus en plus central pour répondre à cette demande. À la différence des mines industrielles, les sites artisanaux mobilisent beaucoup de main-d'œuvre, et relativement peu de capital. Leur caractère informel, voire illégal leur confère une grande réactivité : là où un projet industriel nécessite, selon la nature du minerai, près d'une décennie de sa découverte au début de l'exploitation, une mine artisanale peut voir le jour en quelques semaines. Ce secteur informel, déjà en plein essor, est aujourd'hui présent dans plus de 80 pays et emploie plus de 40 millions de personnes, contre à peine 6 millions au milieu des années 1990, soit environ six fois plus que le secteur minier industriel. On estime qu'environ 150 millions de personnes dépendent directement ou indirectement de cette activité, dont un tiers sur le continent africain. L'ampleur de cette dynamique est loin d'être marginale : environ 20 % de l'offre mondiale de diamant et d'or, 25 % du tantale et de l'étain, et plus des trois quarts de la production mondiale de saphirs proviennent déjà de l'exploitation artisanale. Les conséquences de ce boom minier artisanal sur les populations locales, qu'il s'agisse de revenu, d'inégalité, de santé publique, d'éducation des enfants ou de dégradation environnementale, mériteraient à elles seules un ouvrage. Mais dès lors qu'il s'agit de comprendre les liens avec la violence, les travaux existants, bien que peu nombreux, convergent vers un même diagnostic : la présence de mines artisanales peut contribuer à l'émergence de la violence. Un article récent d'Anouk Rigterink, Tarek Ghani, Juan Lozano et Jacob Shapiro (2025) avance une hypothèse originale : une part significative de la violence associée aux ressources naturelles serait due à la rivalité entre mines industrielles et artisanales. En analysant les données de 1997 à 2020 en Afrique, les auteurs montrent que l'effet des chocs de prix sur la violence est environ trois fois plus important dans les zones où coexistent exploitation industrielle et activité artisanale que dans celles où l'exploitation artisanale est techniquement impossible. Selon leurs estimations, cette concurrence violente expliquerait entre un tiers et plus de la moitié des conflits directement liés à l'activité minière. L'est de la République démocratique du Congo constitue un terrain d'observation particulièrement (et dramatiquement) fécond pour comprendre les liens complexes entre exploitation minière artisanale et dynamique de violence. Nick Stoop, Marijke Verpoorten et Peter Van der Windt (2019) montrent ainsi que les zones riches en mines artisanales connaissent une augmentation significative de la violence lorsque les prix des minerais montent. Ce phénomène traduit une prédominance de l'effet de rapacité sur celui du coût d'opportunité : les revenus générés attirent les convoitises et alimentent les logiques de prédation. Dans ces contextes, comme l'a mis en lumière Raúl Sánchez de la Sierra, les groupes armés taxent illégalement les gains issus de l'activité minière, captant l'essentiel du surplus. Le mineur, spolié de ses revenus, ne voit pas son coût d'opportunité s'élever, ce qui limite l'effet désincitatif à l'engagement violent. Les auteurs soulignent également le rôle central joué par l'interface entre exploitation artisanale et industrielle. L'entrée en production de sites industriels sur des territoires auparavant occupés par des mineurs artisanaux provoque, de manière récurrente, une recrudescence des violences contre les civils. Privés brutalement de leur principal moyen de subsistance, les anciens mineurs se retrouvent sans alternative économique, ce qui les pousse vers des activités de pillage ou vers l'intégration de groupes armés. Dans une étude ultérieure (Stoop et Verpoorten, 2021), les auteurs interrogent plus de 450 mineurs expulsés de leurs sites. Le constat est saisissant : un cinquième d'entre eux déclarent leur intention de rejoindre un groupe armé, et près de la moitié expriment le souhait de détruire les infrastructures minières responsables de leur éviction. Au-delà des incitations économiques et sociales, un résultat interpelle tout particulièrement : les individus ayant été exposés à des violences passées ou entretenant des liens avec d'anciens combattants sont significativement plus enclins à rejoindre des groupes armés. Ce mécanisme de reproduction de la violence, par accumulation des doléances et par l'effet d'exposition, crée un cycle difficile à enrayer. En revanche, les personnes percevant des retombées positives de l'activité industrielle (en matière d'emploi, d'infrastructures ou de développement local) manifestent une propension nettement moindre à adopter un comportement violent. Ce rôle ambivalent de l'industrie extractive est également documenté en Indonésie, dans la région aurifère de Pongkor. Là, la société minière publique Antam détient un monopole légal sur plus de 6 000 hectares, alors même qu'une importante activité artisanale subsiste. Des tensions récurrentes opposent les deux systèmes d'exploitation. Dans une étude récente, Matthew Libassi (2024) montre comment la compagnie minière a mené une stratégie active de « reformatage » des populations locales à travers des programmes de développement communautaire et de « discipline civique », diffusant des valeurs nationalistes et morales. L'exploitation artisanale y est présentée comme un vol, voire un acte criminel contre la nation. Cette rhétorique a cependant suscité une réaction inattendue : l'émergence d'une identité politique partagée parmi les mineurs artisanaux, soucieux de défendre leur droit à la subsistance. Ces travaux convergent vers une piste à explorer : l'intégration, ou du moins la cohabitation régulée des mineurs artisanaux au sein de l'écosystème extractif industriel. Alors que la transition énergétique mondiale stimule la demande en minerais stratégiques, cette question devient d'autant plus pressante. Une meilleure articulation entre exploitation formelle et informelle pourrait jouer un rôle crucial dans la prévention des conflits futurs.

Quand la terre nourrit la guerre

Malheureusement, le sous-sol, d'où sont extraits les minerais, n'est pas la seule strate du sol à nourrir la conflictualité. La question de la fertilité des terres est tout aussi fondamentale. Elle l'est d'autant plus que la qualité des sols, fortement influencée par l'activité humaine, varie considérablement non seulement entre les pays, mais également à l'intérieur même de leurs frontières. Quelques chiffres permettent de mieux saisir l'ampleur et l'inégale répartition des terres arables à l'échelle mondiale. Dans un article publié en 2022 par *Nature*, Julia Schneider, Florian Zabel et Wolfram Mauser dressent un état des lieux particulièrement éclairant de la répartition des terres propices à l'agriculture. Ainsi, à la fin des années 2000, environ 78 millions de kilomètres carrés dans le monde étaient considérés comme aptes à la culture (soit plus de 140 fois la superficie de la France métropolitaine !). Ce chiffre tombe à 46 millions de kilomètres carrés si l'on exclut les zones protégées ou celles dont l'exploitation impliquerait une déforestation massive. Mais sur ces 46 millions de kilomètres carrés, un tiers correspond à des terres de faible qualité, à la productivité agricole limitée ; un autre tiers est déjà exploité, ce sont généralement les terres les plus fertiles. Autrement dit, la marge de manœuvre est étroite. Les auteurs vont plus loin en simulant, à partir des projections liées au changement climatique, les territoires appelés à perdre ou à gagner en capacité productive. Le constat est frappant : d'ici à 2100, les zones les plus riches en potentiel agricole devraient voir leur superficie réduite de moitié, tandis que certaines régions, notamment en Europe du Nord, pourraient connaître une augmentation spectaculaire de leurs terres agricoles de qualité (jusqu'à + 82 %). Ce basculement accentuera les disparités territoriales, y compris à l'intérieur des pays, alimentant potentiellement des tensions sur l'accès à la terre et, *in fine*, des dynamiques de conflit.

Si la question foncière, en particulier celle de la fertilité des sols, a bien moins inspiré le cinéma et le petit écran que son pendant souterrain, les minerais, elle n'en reste pas moins au cœur de dynamiques conflictuelles profondes. Au cours des dernières décennies, l'inégalité d'accès aux terres productives a été identifiée comme un facteur central de certains des conflits les plus meurtriers du continent africain. Au Rwanda, par exemple, la pression foncière résultant d'une forte croissance démographique conjuguée à l'épuisement des sols figure parmi les déclencheurs du conflit et du génocide (André et Platteau, 1998). De même, au Darfour, les rivalités autour de l'accès à des terres cultivables fertiles ont contribué de façon décisive à l'éclatement des violences (Faris, 2009). En Colombie, pays caractérisé par une inégalité foncière parmi les plus marquées au monde, la terre a également joué un rôle structurant dans la genèse des conflits. En 1960, 0,4 % des propriétaires contrôlaient à eux seuls 30 % des terres agricoles, souvent les plus fertiles et les plus productives. Cette concentration s'est aggravée au fil des décennies, et le conflit a lui-même été à la fois une cause et une conséquence de cette dynamique d'accaparement. En Indonésie, la question de la terre prend une autre forme mais conserve une centralité similaire. Dans les provinces de Sumatra et de Kalimantan, l'expansion rapide des plantations de palmiers à huile a conduit à la conversion massive de forêts et de terres agricoles en plantations industrielles, privant les communautés locales et les peuples autochtones de leur accès traditionnel aux terres fertiles. Ces changements ont provoqué une série de conflits fonciers, parfois violents, alimentés par le sentiment d'exclusion et la perte de ressources essentielles.

Mais pourquoi la fertilité des sols, ou plus précisément les inégalités d'accès à des terres fertiles peuvent-elles constituer un moteur important des conflits, comme les exemples précédents le suggèrent ? Deux raisons principales, qui ne sont pas sans rappeler les dynamiques observées autour des minerais, permettent d'éclairer ce lien. Premièrement, les terres riches attisent les convoitises. Plus encore lorsqu'elles se trouvent au cœur de zones où, par contraste, la qualité des sols est médiocre, ou que des chocs extérieurs (sécheresse, dégradation environnementale, surexploitation) rendent les terres environnantes de moins en moins cultivables. Dans ce contexte, les terres fertiles deviennent un enjeu stratégique pour les groupes armés ou les populations en quête de subsistance, qui peuvent être poussés à s'y projeter, voire à s'en emparer par la force. Deuxièmement, la fertilité des terres est appréhendée de manière ambivalente par les populations qui en vivent. D'un côté, la richesse agricole que ces sols génèrent augmente le coût d'opportunité de l'engagement dans la violence, ce qui en théorie devrait freiner les dynamiques conflictuelles. D'un autre côté, cette même richesse peut renforcer la capacité militaire ou politique de certains groupes, les rendant plus enclins à entrer dans des rapports de force. Alors, que dit la littérature académique sur cette question ? Les preuves empiriques, étonnamment, demeurent moins nombreuses qu'on ne pourrait l'imaginer. Une explication plausible demeure dans le biais depuis longtemps dénoncé par Pauline Peters (2004), qui souligne que nombre de chercheurs ont eu tendance à interpréter les conflits africains sous un prisme essentiellement ethnique, en occultant des dynamiques plus matérielles, notamment celles liées à l'inégalité croissante d'accès aux terres fertiles. Cette grille de lecture alternative, plus économique que strictement identitaire, offre pourtant des clés précieuses pour comprendre certaines des violences les plus enracinées.

Inspirés par l'éclairage de Pauline Peters, dans un article de recherche récent, écrit avec Nicolas Berman et Raphaël Soubeyran (2021), nous nous sommes penchés sur la manière dont les variations de productivité des sols ont pu contribuer à l'émergence de conflits en Afrique subsaharienne entre 1997 et 2013. L'idée de départ est simple : lorsque certaines terres perdent en rendement, la compétition pour les terres les plus fertiles peut devenir source de tensions, voire de violence. Mais obtenir une mesure précise et homogène de la productivité des sols à l'échelle du continent sur deux décennies relève du défi technique, pour ne pas dire de l'impossible. Nous avons donc contourné cette difficulté en nous appuyant sur un indicateur indirect mais robuste : le prix mondial des engrais. L'intuition est la suivante : quand les engrais deviennent plus chers, les agriculteurs les utilisent moins, ce qui réduit mécaniquement la productivité de leurs terres. Or, cette baisse de rendement ne touche pas toutes les terres de la même manière : les sols naturellement fertiles, moins dépendants des intrants, conservent une meilleure rentabilité. Ainsi, à mesure que les prix des engrais grimpent, la valeur relative des terres se modifie, accentuant les inégalités entre groupes installés sur des terres de qualité inégale. Dans les zones les moins fertiles, la baisse de revenu agricole fait chuter le coût d'opportunité de la violence, rendant l'engagement dans des activités armées plus attrayant. Nous testons cette hypothèse en combinant des données géolocalisées sur les conflits, les cultures dominantes, la fertilité des sols et le prix des engrais adaptés à chaque région. Les résultats sont sans ambiguïté : une hausse de prix des engrais augmente la probabilité de conflit, en particulier dans les zones où les différences de fertilité entre groupes sont le plus marquées. Par ailleurs, l'effet conflictogène lié à l'inégalité foncière s'accentue nettement lorsqu'il recoupe des lignes de fracture ethniques. Autrement dit, lorsque l'inégale répartition des terres fertiles suit, ou renforce, des clivages identitaires préexistants, le potentiel de violence s'en trouve démultiplié. À l'échelle du continent africain, les données confirment que les inégalités d'accès aux terres agricoles ne sont pas seulement des enjeux économiques : elles deviennent des vecteurs puissants de tensions sociales et politiques, particulièrement lorsqu'elles s'inscrivent dans des rapports de domination entre groupes ethniques. La terre, dans ce cas, n'est pas seulement un facteur de production ; elle devient un symbole d'injustice, de dépossession, parfois de revanche.

Mark Dincecco, James Fenske et Anil Menon (2025) nous font voyager dans le temps en étudiant les dynamiques historiques de la violence en Asie. Ils s'intéressent aux conséquences de l'introduction de nouvelles cultures agricoles venues des Amériques après 1500. Ils montrent que l'amélioration de la productivité des terres, mesurée par leur capacité calorique, a conduit à une intensification des affrontements violents dans la région. Ce lien entre enrichissement agricole et montée des conflits apparaît d'autant plus marqué dans les zones où la rivalité géopolitique entre États était déjà vive, et où les ambitions impériales poussaient à s'emparer des territoires les plus fertiles. Leur analyse met en évidence un mécanisme de rapacité : les gains de productivité attisent les convoitises, et les terres deviennent des enjeux de pouvoir aussi bien que de survie, confirmant ce que 500 ans plus tard nous identifions dans le contexte africain.

Comme nous venons de le voir à travers plusieurs exemples et éclairages scientifiques, les sols peuvent être à l'origine de conflits lorsqu'ils deviennent un enjeu de survie économique. Mais, à l'image des déterminants économiques de la violence qui interagissent souvent avec des facteurs politiques, identitaires ou culturels, la terre ne se réduit pas à sa seule fertilité ou à sa valeur productive. Pour de nombreux peuples, le territoire représente bien plus : un espace de mémoire, un lieu sacré, un symbole identitaire. Sa perte, sa profanation ou son exploitation imposée peuvent alors être vécues comme une atteinte existentielle, susceptible d'alimenter des formes de violence, que ce soit pour se défendre, résister ou revendiquer. Si ces conflits ne débouchent pas toujours sur des affrontements armés, ils nourrissent durablement le ressentiment. Les exemples abondent à travers le temps et les continents : en Araucanie (Chili), les revendications du peuple Mapuche restent centrées sur la récupération de terres ancestrales ; au Zimbabwe, les habitants de Chilonga luttent pour préserver leurs terres sacrées face au projet de culture de luzerne porté par l'entreprise Dendairy ; au Venezuela, le peuple Pemón s'oppose à l'exploitation de l'arc minier de l'Orénoque, riche en or, bauxite, coltan et diamants, que le gouvernement souhaite développer, alors que ces terres sont considérées comme sacrées ; enfin, en Colombie, le peuple U'wa a mené pendant près de deux décennies une lutte acharnée contre l'exploration pétrolière sur ses terres.

Changement climatique

Comme si les sources de violence et d'instabilité ne suffisaient pas déjà, l'humanité voit surgir, avec une intensité croissante, l'un des plus grands défis de son histoire : le changement climatique. Depuis plusieurs décennies, les organisations internationales, quels que soient leurs mandats ou sensibilités, convergent vers un même constat : les conditions de vie que nous avons connues s'érodent inexorablement, sous l'effet de bouleversements climatiques de plus en plus rapides, profonds et durables. Les rapports alarmants se succèdent, et nombre d'entre eux alertent non seulement sur les impacts environnementaux et sanitaires du changement climatique – la recrudescence des épidémies, l'intensification des inondations –, mais aussi sur ses conséquences en matière de conflictualité. L'augmentation de la fréquence et de l'intensité des événements extrêmes, qu'ils soient hydriques, thermiques ou agricoles, agit comme un facteur de déstabilisation massive, en fragilisant les systèmes socio-économiques, en exacerbant les inégalités et en attisant les tensions là où les ressources, déjà limitées, deviennent vitales.

Dès 2012, un rapport d'information de l'Assemblée nationale s'était saisi de la question des risques sécuritaires liés au changement climatique, en identifiant les principales menaces. Dix ans plus tard, ces préoccupations ont été confirmées et approfondies par un rapport de l'Observatoire Défense et Climat, créé en 2016 sous l'égide conjointe de l'Institut de relations internationales et stratégiques (IRIS) et de la Direction générale des relations internationales et de la stratégie (DGRIS) du ministère des Armées. Les conclusions de ces travaux convergent : les effets du changement climatique agissent comme un multiplicateur de menaces, en exacerbant des fragilités plutôt qu'en générant des causes entièrement nouvelles. Parmi les mécanismes identifiés, et sur lesquels je reviendrai en détail, figurent en bonne place les conflits agro-pastoraux, les déplacements de populations, tant internes qu'internationaux, ainsi que les tensions croissantes autour de ressources naturelles de plus en plus rares, au premier rang desquelles l'eau. Ces dynamiques, désormais bien documentées, ne relèvent plus du scénario lointain, mais d'une réalité déjà à l'œuvre dans plusieurs régions du monde.

Malheureusement, ces craintes se matérialisent déjà, de manière tangible, dans plusieurs pays pauvres. Les exemples sont nombreux, et certains d'entre eux sont particulièrement édifiants. Le Yémen, en proie à une instabilité politique chronique et à une pauvreté endémique, illustre de manière frappante les interactions délétères entre stress hydrique, précarité économique et violence. Le pays a été durement touché par des sécheresses récurrentes. En 2012, un Yéménite disposait en moyenne de 140 mètres cubes d'eau douce renouvelable par an. Trois ans plus tard, ce chiffre tombait à 86. À titre de comparaison, la France, bien qu'ayant vu ses ressources se réduire, passant d'environ 4 000 mètres cubes par personne dans les années 1960, à 3 000 aujourd'hui, reste près de trente fois mieux dotée. L'Organisation des nations unies considère qu'un territoire entre en situation de stress hydrique lorsque cette disponibilité passe sous le seuil de 1 700 mètres cubes par an et par personne. Le Yémen, avec des niveaux six fois inférieurs à ce seuil, figure ainsi parmi les pays les plus menacés au monde. Cette extrême vulnérabilité est aggravée par un sous-investissement chronique dans les infrastructures hydrauliques. Plus des trois quarts des communautés rurales dépendent exclusivement de l'eau de pluie pour subvenir à leurs besoins agricoles et faire vivre leurs troupeaux. Dans un tel contexte, l'eau devient non seulement une ressource vitale, mais aussi un levier de pouvoir. Localement, les conflits liés à l'eau sont omniprésents : d'après les acteurs de terrain, plus des trois quarts des affrontements ruraux de ces dernières décennies seraient directement liés à des rivalités pour l'accès à cette ressource. Depuis le déclenchement de la guerre civile de 2015, la rareté de l'eau est même devenue une arme : les parties au conflit, gouvernement comme rebelles houthis, ont utilisé le contrôle des ressources hydriques à des fins militaires. Des groupes armés comme al-Qaida ont tiré parti de cette situation pour gagner en légitimité, notamment dans le sud du pays, en développant une politique active de soutien aux populations, creusement de puits, distribution d'eau, qui leur a permis de renforcer leur popularité, et, dans son sillage, leur capacité de recrutement. À cette pression directe sur la ressource s'ajoute un autre effet déstabilisateur : les déplacements de population. Privées de leurs cultures et de leurs troupeaux, des dizaines de milliers de familles ont été contraintes de quitter leurs terres pour rejoindre des zones moins affectées ou les périphéries urbaines. Ce déplacement massif, souvent improvisé, a accentué les tensions sociales et nourri des conflits interethniques, en particulier dans des villes déjà fragiles, où la pression sur les ressources et les infrastructures était déjà forte.

Le cas syrien, bien qu'inscrit dans une dynamique politique distincte, fait écho à cette même idée. Le soulèvement de 2011, souvent interprété sous l'angle exclusif de la répression politique, trouve également ses racines dans des dynamiques climatiques extrêmes. Au cours des années 2000, alors que le régime de Bachar el-Assad menait une réforme agraire largement perçue comme réactionnaire (Ababsa, 2013), la Syrie est frappée par une sécheresse d'une intensité et d'une durée exceptionnelles, la plus grave depuis un demi-siècle. Selon un rapport des Nations unies publié en 2010, cette sécheresse aurait entraîné la perte de 90 % des revenus des populations rurales affectées, la fermeture de plus de 75 % des exploitations agricoles, et la disparition de plus de 80 % du cheptel. Plus de 1,5 million de personnes auraient été contraintes de quitter les campagnes pour rejoindre les villes. Cette migration forcée a accentué la pauvreté urbaine, accru la concurrence pour les ressources et nourri les frustrations économiques à l'origine des premières vagues de contestation. Ces deux exemples rappellent, de manière implacable, que les effets du changement climatique ne se limitent pas à l'environnement naturel, mais participent directement à l'embrasement de nombreuses sociétés.

Que nous dit la littérature académique en économie sur le lien entre changement climatique et conflit ? Beaucoup, mais il aura fallu attendre longtemps pour que cette question soit pleinement investie. Le rôle du climat comme facteur explicatif des violences collectives est en effet un champ de recherche relativement récent dans la discipline. Une méta-analyse publiée en 2015 par Marshall Burke, Solomon Hsiang et Edward Miguel en offre une synthèse saisissante : les auteurs recensent 55 études quantitatives évaluant l'impact des variables climatiques sur la violence. Dès l'introduction, un chiffre révèle l'émergence rapide de ce champ : l'année médiane de publication des articles recensés est 2012. Autrement dit, la moitié de la production scientifique sur ce thème a vu le jour dans les trois années précédant leur travail, un signe clair que, longtemps marginale, cette question a connu une montée en puissance fulgurante au début des années 2010. Mais l'intérêt de leur étude dépasse ce simple constat bibliométrique. En mobilisant une méta-analyse hiérarchique[1], permettant d'estimer à la fois un effet moyen global et la dispersion entre les résultats des études, les auteurs mettent en évidence un effet robuste : les écarts par rapport à des niveaux climatiques modérés, que ce soit en température ou en précipitations, accroissent systématiquement le risque de conflit. Concrètement, une variation d'un écart-type de la température augmente en moyenne les conflits interpersonnels de 2,4 %, et les conflits intergroupes de plus de 11 %. Ces résultats, pionniers, ont été corroborés par des travaux plus récents, notamment ceux de Miriam Breckner et Uwe Sunde (2019), qui, pour l'Afrique sur la période 1997-2015, confirment que les épisodes de températures extrêmes accroissent significativement l'occurrence des conflits. L'effet est d'autant plus marqué que ces anomalies se prolongent dans le temps, qu'elles affectent des régions densément peuplées, à faible productivité agricole ou déjà marquées par une forte dégradation des terres. À un niveau plus conceptuel, Jon Barnett et Nail Adger (2007) avancent que le changement climatique affaiblit l'aptitude des États à assurer les services de base et à garantir un accès équitable aux ressources, tout en exacerbant la rareté de celles-ci. Ce double affaissement, celui des institutions et celui de

1. Une méta-analyse hiérarchique est une méthode qui permet de résumer les résultats de plusieurs études tout en prenant en compte leurs différences, par exemple selon les pays, les périodes ou les groupes étudiés.

la sécurité humaine, ouvre alors un espace propice à la conflictualité, en fragilisant à la fois la vie des populations et les mécanismes de régulation sociale.

Mariaflavia Harari et Eliana La Ferrara (2018), dans un article désormais fondateur de la littérature, vont encore plus loin en explorant, toujours dans le contexte africain, le rôle de la variabilité climatique intra-annuelle dans l'explication des dynamiques de violence. Elles montrent que les chocs climatiques survenant durant la saison de croissance des cultures agricoles augmentent significativement la probabilité de conflits. Les effets sont quantitativement marqués : un écart important des conditions climatiques par rapport à leur moyenne, le fameux « écart-type », accroît les niveaux de violence à hauteur de 10 %. Plus inquiétant encore, elles mettent en évidence des effets de persistance dans le temps et dans l'espace : les régions frappées une année donnée voient leur niveau de conflictualité augmenter les années suivantes, et cette instabilité se propager aux zones voisines. Cet effet de contagion est particulièrement fort autour des frontières internationales ou lorsque les conflits impliquent des groupes ethniques distincts. Les autrices soulignent le rôle central du coût d'opportunité pour expliquer ces résultats : les chocs agricoles dégradent les perspectives économiques locales et facilitent ainsi le recrutement par les groupes armés. Elles insistent enfin sur le fait que les divisions ethniques et la faiblesse des institutions étatiques exacerbent l'impact de ces chocs climatiques.

Pour de nombreuses communautés littorales, la mer n'est pas seulement une ressource économique, c'est une matrice culturelle et identitaire. Or, l'augmentation des concentrations de gaz à effet de serre dans l'atmosphère provoque une acidification croissante des océans, bouleversant les équilibres de l'écosystème marin. À ma connaissance, aucune étude n'a encore cherché à quantifier les conséquences futures, en matière de violence, pour les populations dont la subsistance et les repères culturels sont profondément liés à la mer. Pourtant, au regard des projections alarmantes sur les populations qui seront affectées par la montée des eaux, une telle estimation paraît non seulement opportune, mais absolument nécessaire.

La soif de pouvoir : eau et conflits

Sur ces questions, il est fréquent de trouver dans les rapports des institutions internationales la formule : « Si le changement climatique est le requin, l'eau en est les dents. » Cette métaphore souligne que les impacts du changement climatique se manifestent principalement par l'eau, que ce soit par des sécheresses, des inondations, la montée du niveau de la mer ou des tempêtes plus intenses. Ainsi, bien que le changement climatique soit une menace globale, ce sont les perturbations du cycle de l'eau qui en constituent les manifestations les plus tangibles et immédiates. Comme les conflits syriens et yéménites l'ont illustré, la présence d'eau pour les communautés, là où les infrastructures d'irrigation brillent par leur absence, est cruciale, que ce soit pour l'agriculture de subsistance ou les troupeaux. Mais dès lors que la ressource se raréfie, elle prend de la valeur, attisant les convoitises et accroissant drastiquement la valeur de son contrôle. Autant les régions où les sécheresses sévissent poussent les individus sur les routes, autant les régions moins affectées ou naturellement riches en eau de surface ou dans les sous-sols gagnent en « valeur », ce qui confère à l'eau cette triste qualification d'or bleu.

Qu'en est-il du rôle potentiel des ressources en eau souterraine dans l'attractivité conflictuelle des territoires ? Dans des travaux récents menés avec Rémi Jedwab et Lucile Laugerette, nous proposons de quantifier précisément cette dimension en posant l'hypothèse que, tout comme les ressources minières, la présence d'eau dans les sous-sols peut attiser les tensions violentes, en particulier dans un contexte marqué par la répétition de chocs hydriques liés au changement climatique. Notre analyse s'appuie sur des données issues de la littérature en hydrogéologie permettant de cartographier, à l'échelle du continent africain, la profondeur des nappes phréatiques, c'est-à-dire la distance séparant la surface du sol des aquifères exploitables. Cette information est essentielle dans la mesure où les coûts d'extraction de l'eau augmentent de manière exponentielle avec la profondeur. Le forage manuel est généralement possible jusqu'à 25 à 50 mètres, au moyen de pompes à levier ou à aspiration, pour un coût moyen d'environ 500 dollars. Au-delà de 50 mètres, des pompes motorisées sont requises, et les coûts deviennent rapidement prohibitifs : forages profonds, équipement motorisé (supérieur à 100 000 dollars), carburant coûteux, etc. Cette structure des coûts crée une discontinuité marquée : les terres reposant sur des nappes accessibles à moins de 50 mètres présentent un avantage stratégique non négligeable par rapport à celles situées au-dessus d'aquifères profonds.

En mobilisant des données qui couvrent la période 1997-2021, notre étude révèle plusieurs résultats saillants. Premièrement, les régions où l'eau souterraine est accessible à moins de 50 mètres connaissent en 2021, une intensité de violence supérieure de 15 % à celle observée en 1997. Ce lien s'accentue significativement à partir de 2010, période où l'on observe une recrudescence non seulement des manifestations et émeutes, mais aussi des affrontements armés, notamment ceux impliquant des groupes locaux vraisemblablement mobilisés pour défendre leur accès à la ressource. Deuxièmement, nous documentons le rôle crucial joué par les inégalités locales d'accès à l'eau. Dans les régions où coexistent des zones aux nappes peu profondes et d'autres aux nappes profondes, les tensions s'exacerbent : ces disparités créent des dynamiques de frustration et de compétition propices à la conflictualité. Enfin, dans une perspective prospective, nous estimons les niveaux futurs de violence si la température moyenne devait augmenter de 1,5 degré Celsius d'ici à 2050 : nos projections indiquent que, dans un tel scénario, les zones aujourd'hui hydriquement stratégiques pourraient devenir des foyers de tensions majeurs, à la croisée des enjeux climatiques, économiques et politiques.

Exil climatique et fragmentation des sociétés locales

Un autre mécanisme souvent avancé pour expliquer le lien entre chocs climatiques et violence réside dans les dynamiques migratoires, conséquences directes de la dégradation des terres agricoles, de la raréfaction de l'eau, de l'intensification des inondations ou encore de l'élévation du niveau de la mer. Pour donner un ordre de grandeur de l'ampleur potentielle du phénomène, le rapport d'information de l'Assemblée nationale française (2012), déjà mentionné, dressait un tableau alarmant des conséquences migratoires d'une élévation du niveau des mers. Les deltas fluviaux d'Asie du Sud, d'Asie du Sud-Est et de Chine, situés à moins de 1 mètre d'altitude, abritent plus de 150 millions de personnes particulièrement exposées à la submersion marine. Au Bangladesh, une montée même modérée du niveau de la mer forcerait une large part des habitants du Sud à migrer vers le nord du pays, voire au-delà de la frontière indienne. En Égypte, une élévation de 50 centimètres de la Méditerranée entraînerait le déplacement de 4 millions d'individus vivant dans le delta du Nil. Plus récemment, le rapport 2023 de l'Internal Displacement Monitoring Centre (IDMC) souligne que plus de 8 millions de personnes ont été déplacées à la suite de chocs climatiques dans plus de 80 pays, soit une hausse de 45 % par rapport à 2021. L'Afghanistan comptabilise plus de 2 millions de déplacés, suivi du Pakistan (1 million), du Niger (850 000), de l'Éthiopie (700 000), du Soudan du Sud (plus de 600 000) et des Philippines (près de 500 000). Le constat est sans appel : il ne s'agit plus d'un scénario lointain, mais bien d'une réalité déjà à l'œuvre.

Les raisons pour lesquelles ces migrations peuvent intensifier la conflictualité sont multiples et résonnent avec de nombreux mécanismes déjà évoqués dans ce livre. L'intensification des migrations exerce une pression considérable sur les espaces urbains, qui accueillent la grande majorité des flux migratoires. L'arrivée soudaine de populations déplacées dans des contextes déjà marqués par la précarité provoque une saturation des infrastructures, une extension rapide des quartiers informels, et une tension sur le marché du logement. Cette dynamique engendre également une forte pression sur les services de base (eau, éducation, santé) et renforce la concurrence sur un marché du travail déjà fragilisé, en particulier dans les emplois peu qualifiés. Le ressentiment des populations hôtes, confrontées à cette compétition accrue, s'intensifie d'autant que les politiques publiques peinent à accompagner ces transformations. Ce terreau social, où se mêlent pauvreté, exclusion et sentiment d'abandon, constitue un environnement propice à l'émergence de formes de violence urbaine, qu'elles soient spontanées ou organisées, et à la montée en puissance d'acteurs armés qui recrutent dans ces zones périphériques, en promettant protection et moyens de subsistance.

Les dynamiques migratoires ne bouleversent pas uniquement les équilibres économiques et spatiaux, notamment au sein des villes ; elles modifient aussi profondément les configurations identitaires, alimentant parfois des tensions durables. Lorsqu'une migration de grande ampleur transforme la composition ethnique, religieuse ou linguistique d'une région, elle peut être perçue par les groupes historiquement installés comme une menace contre leur statut, leur contrôle territorial ou leur légitimité politique. Ce sentiment est exacerbé lorsque les nouveaux arrivants viennent renforcer des minorités déjà en tension avec les élites locales. La pression accrue sur les ressources, notamment les terres agricoles, constitue un facteur aggravant, dans un contexte où l'accès au foncier est souvent structuré par des appartenances lignagères ou communautaires. L'arrivée de nouveaux venus, parfois perçus comme illégitimes, ravive alors des griefs anciens et peut contribuer à l'émergence ou à la réactivation de conflits locaux. Les spécialistes s'accordent souvent à considérer que l'afflux de réfugiés rwandais dans l'est de la République démocratique du Congo après le génocide de 1994 a constitué un facteur déterminant dans le déclenchement des guerres congolaises. Cet exemple emblématique met en lumière un autre mécanisme par lequel les dynamiques de conflit peuvent se déplacer et se reconfigurer dans les zones d'accueil. Rivalités ethniques ou politiques non résolues, présence de combattants armés, circulation d'armes, mobilisation d'identités antagonistes sont autant d'éléments susceptibles d'exporter l'instabilité d'un territoire à un autre.

Lorsque les autorités locales sont incapables d'encadrer, de réguler ou d'intégrer ces flux migratoires, une telle défaillance peut être perçue comme un signe de faiblesse de l'État, fragilisant davantage sa légitimité. Le vide de gouvernance ainsi créé ouvre alors la voie à des formes de violence intergroupes, à l'implantation de groupes armés, ou à l'émergence de dispositifs d'autodéfense communautaire. Par ailleurs, ce processus peut être exacerbé par l'instrumentalisation politique des tensions migratoires : certaines élites locales, dans un objectif électoraliste ou clientéliste, n'hésitent pas à attiser les divisions, à mobiliser des récits identitaires ou à stigmatiser les populations déplacées. Ces stratégies contribuent à nourrir un climat de méfiance, voire de haine, créant ainsi les conditions d'une escalade de la violence dans des régions initialement périphériques au conflit.

Un dernier effet potentiellement néfaste, souvent sous-estimé, concerne l'impact des migrations climatiques sur les zones d'origine. Si les conséquences immédiates des chocs climatiques (sécheresses, inondations, dégradation des terres) poussent des centaines de milliers de personnes à prendre la route, toutes ne partent pas. Par contrainte ou par choix, certains restent, souvent les plus pauvres, ceux pour qui la migration est matériellement inenvisageable. Pour eux, à la détresse environnementale s'ajoute celle du délitement de leur communauté, l'érosion du tissu humain. Car ce sont fréquemment les plus qualifiés qui partent, enseignants, soignants, agents publics, ceux qui assuraient le fonctionnement minimal des services sociaux, de l'école à la santé. Le départ de ces piliers fragilise davantage encore des zones déjà vulnérables. Celles-ci deviennent alors des terrains propices à l'installation de groupes armés ou à la structuration de réseaux de recrutement pour des milices locales. Ainsi, la migration climatique ne déstabilise pas seulement les territoires de destination ; elle affaiblit aussi durablement les zones de départ, nourrissant des dynamiques de fragmentation sociale et d'insécurité.

La transhumance face au climat : migration, pression foncière et violence

Comme je l'ai déjà souligné, les sécheresses répétées accentuent la compétition pour l'usage des terres les plus fertiles et les plus résilientes aux chocs climatiques.

L'histoire récente du Nigeria et du Kenya illustre l'intensification des violences entre éleveurs et agriculteurs, sur fond de sécheresses récurrentes, notamment autour des routes traditionnelles de transhumance. Au Nigeria, on estime que, depuis 2000, plusieurs milliers de morts sont directement imputables à cette intensification des violences entre éleveurs et agriculteurs. Deux mécanismes principaux sont généralement avancés pour expliquer cette montée des tensions. D'une part, les éleveurs, contraints de s'éloigner des routes de transhumance traditionnelles à la recherche de pâturages encore suffisamment riches pour nourrir leur bétail, se heurtent à l'absence de droits de propriété clairement définis et à la mise en cause d'accords fonciers souvent ancestraux. D'autre part, les agriculteurs, eux-mêmes touchés par la sécheresse, se tournent vers des terres plus fertiles, souvent situées sur les routes traditionnelles de transhumance, du fait de la concentration de fumier animal qui y améliore la qualité des sols. Par ailleurs, le développement de l'agriculture extensive contribue également à exacerber ces tensions.

Ces exemples illustrent l'un des cas emblématiques du lien entre changement climatique et violence. Deux travaux récents ont cherché à combler un vide étonnant de la littérature, en s'efforçant de quantifier rigoureusement les conflits entre groupes nomades et sédentaires, tout en mettant en lumière les mécanismes à l'œuvre ainsi que les réponses politiques déjà expérimentées ou envisageables (que je discuterai dans le dernier chapitre). Mes anciens collègues lausannois Ulrich Eberle, Dominic Rohner et Mathias Thoenig (2024) montrent que les conflits liés aux chocs climatiques sont significativement amplifiés dans les zones où cohabitent des groupes nomades et sédentaires. En mobilisant des données géo-localisées couvrant l'ensemble de l'Afrique depuis 1997, ils montrent qu'une augmentation de 1 degré de la température locale accroît la fréquence des conflits de 54 % dans les régions où cohabitent des groupes nomades et sédentaires, contre seulement 17 % dans les régions sans cohabitation. Ils montrent qu'une grande partie de cette violence se concentre dans les zones de transition entre terres agricoles et zones de pâturage, car elles concentrent à la fois l'attractivité économique et la vulnérabilité climatique. Leur interprétation est que la pression sur la ressource explique une très grande partie de l'effet, bien plus que des déterminants non économiques tels qu'un choc de normes culturelles débouchant sur de l'hostilité ethnique, des problèmes de coordination, des difficultés de communication ou encore un antagonisme historique. Eoin McGuirk et Nathan Nunn (2025) proposent une lecture différente mais complémentaire : les sécheresses qui frappent les territoires des groupes nomades augmentent significativement la probabilité de violence dans les régions agricoles voisines. En mobilisant des données fines relatives aux précipitations et aux conflits sur l'ensemble du continent africain, les auteurs montrent qu'une baisse d'un écart-type des précipitations dans les territoires pastoraux voisins augmente d'environ 24 % le risque de conflit dans les zones agricoles sédentaires adjacentes. Cette dynamique spatiale traduit un phénomène de débordement conflictuel induit par la désorganisation des cycles migratoires pastoraux en période de stress hydrique. L'explication avancée par les auteurs est éclairante et questionne la relation symbiotique traditionnelle entre groupes transhumants et agriculteurs sédentaires. Pendant les saisons humides, les groupes nomades se contentent, pour nourrir leurs bêtes, d'espaces à la frontière des terres agricoles cultivées. Après les récoltes, les éleveurs migrent vers les terres désormais en jachère, y trouvant de la biomasse pour leurs troupeaux tout en fournissant, en retour, un apport fertilisant aux sols. Cette coexistence repose sur un équilibre délicat, menacé par la multiplication des années de faible pluviométrie. Lorsque la biomasse devient insuffisante sur les terres pastorales, les migrations ont lieu plus tôt, avant la fin des récoltes, déclenchant des tensions autour de l'accès aux ressources et la destruction de cultures. Ces tensions se traduisent de manière récurrente par des épisodes de violence entre communautés, parfois aggravés par l'intervention d'acteurs étatiques aux côtés des agriculteurs. Un résultat que je trouve particulièrement riche est celui qui indique que les tensions sont liées à la transhumance même, et non à l'identité religieuse, et ce quand bien même les groupes transhumants sont majoritairement musulmans et les groupes agricoles, chrétiens. Cela induirait que nombreux sont les groupes djihadistes qui instrumentalisent ces tensions locales pour renforcer leur emprise.

CHAPITRE II

Comprendre les coûts des conflits : un enjeu moral, analytique et politique

« Toutes les guerres sont civiles,
car c'est toujours l'homme contre l'homme
qui répand son propre sang,
qui déchire ses propres entrailles. »

Fénelon (1651-1715),
Les Aventures de Télémaque (1699)

L'évaluation des coûts des conflits dépasse de loin la seule dimension économique : elle constitue un impératif moral et humain. Appréhender ces coûts, c'est tenter de donner une mesure, nécessairement incomplète, aux souffrances infligées, aux destins brisés, aux sociétés disloquées. Si l'analyse économique peut paraître, à première vue, réductrice face à la gravité des drames humains, elle reste un outil indispensable pour comprendre l'ampleur et la nature des pertes subies, pour identifier les groupes les plus vulnérables, et pour penser, au-delà, les conditions d'une reconstruction équitable. Dans ce chapitre, je m'attacherai à décrire de manière rigoureuse les effets macroéconomiques et microéconomiques des conflits civils[1], en m'efforçant d'en fournir des quantifications précises, lorsqu'elles existent, et d'identifier les acteurs les plus touchés. Mais il est également essentiel de ne pas céder à une lecture simpliste : si les conflits engendrent des destructions massives et désorganisent profondément les économies et les sociétés, ils ne sont pas pour autant des jeux à somme nulle. Ils ouvrent aussi des espaces d'opportunités, pour certains groupes, certains entrepreneurs de violence ou de rente, qui chercheront à tirer parti du chaos.

Comprendre les coûts d'un conflit suppose ainsi, si paradoxal que cela puisse paraître, d'intégrer dans l'analyse non seulement les pertes, mais également les dynamiques de profit, même marginales ou cyniques, qu'il semble engendrer. Il est tout aussi fondamental, en guise de propos liminaire, de souligner la complexité intrinsèque de cette évaluation. Les conséquences des conflits sont protéiformes. Certaines se manifestent de manière immédiate et tangible : la destruction d'infrastructures, routes, hôpitaux, établissements scolaires, ou la désorganisation brutale des circuits économiques sont autant d'effets directement observables, pour lesquels des estimations monétaires peuvent être établies avec une relative précision. Mais d'autres dimensions sont autrement difficiles à quantifier. Quand la guerre

1. Par effets microéconomiques, on entend les conséquences des conflits à l'échelle des individus, des ménages ou des entreprises : perte de revenu, déplacement, déscolarisation, accès limité aux services, etc. Les effets macroéconomiques désignent quant à eux les impacts à l'échelle agrégée d'un pays ou d'une région : ralentissement de la croissance, contraction de l'investissement, désorganisation des finances publiques ou des échanges commerciaux, entre autres.

désagrège les structures sociales, fragilise les institutions ou altère durablement la trajectoire individuelle des personnes exposées à la violence, les coûts deviennent plus diffus, plus différés, et souvent invisibles dans les comptabilités classiques. Les effets psychologiques du conflit en sont une illustration : qu'il s'agisse des individus ayant subi la violence ou de ceux qui y ont participé activement, les séquelles mentales peuvent s'étendre bien au-delà de la période des hostilités, affectant les comportements sociaux, les trajectoires professionnelles, voire les dynamiques familiales sur plusieurs générations. De la même manière, l'effondrement de l'accès à l'éducation ou à la santé pendant les périodes de guerre compromet durablement l'accumulation de capital humain. Lorsque des cohortes entières d'enfants sont exclues de l'école, ou que la continuité des soins est interrompue, les conséquences se font sentir des années plus tard, tant en matière de productivité que de cohésion sociale. Et pourtant, de telles pertes sont rarement visibles dans les bilans ou les indicateurs usuels. C'est pourquoi la question de la quantification des coûts du conflit ne saurait être dissociée d'une analyse fine des mécanismes par lesquels la violence affecte les différents acteurs de la société. C'est dans cette articulation entre mesure et compréhension des processus que réside la clé d'une évaluation rigoureuse, utile d'autre part pour penser les politiques de sortie de crise et de reconstruction.

L'évaluation des coûts du conflit est par ailleurs cruciale à plus d'un titre. Comme souligné en introduction, les conflits armés tendent à se reproduire dans le temps et dans l'espace : les conséquences d'une guerre nourrissent souvent les conditions de la suivante. En ce sens, négliger l'analyse rigoureuse des effets du conflit, c'est compromettre la pertinence et l'efficacité des réponses politiques qui peuvent y être apportées, au risque d'ancrer durablement une société dans la violence. Une estimation précise des coûts constitue en outre un outil d'aide à la décision publique, selon deux dimensions essentielles. D'une part, toute intervention pendant un conflit ou en situation de post-conflit, qu'il s'agisse d'un programme de reconstruction, de soutien psychosocial, ou de réforme institutionnelle, est coûteuse. La quantification rigoureuse des pertes permet alors d'alimenter une analyse coûts-bénéfices, certes technocratique dans sa forme, mais indispensable à la prise de décision dans un contexte de rareté des ressources. Cette évaluation économique peut même, dans certains cas, influer *ex ante* sur le comportement des belligérants : si les coûts attendus de la violence apparaissent trop élevés au regard des gains espérés, certains acteurs peuvent être dissuadés d'y recourir. C'est l'un des enseignements du premier chapitre, que l'on retrouve ici en miroir. D'autre part, lorsque le temps, les moyens humains et les ressources financières sont limités, ce qui est presque toujours le cas dans les contextes de sortie de guerre, l'analyse fine des coûts permet de hiérarchiser les priorités. Identifier les domaines les plus affectés, les groupes les plus vulnérables, ou les régions les plus sinistrées mène à concentrer les efforts où ils sont le plus nécessaires. Ainsi, loin d'être un simple exercice comptable, l'étude des coûts du conflit constitue un levier central de la planification des politiques de reconstruction, de réconciliation et de prévention.

1

Ce que la guerre détruit : quelques exemples pour saisir l'étendue du choc

La guerre menée par la Russie en Ukraine en 2022 constitue un exemple saisissant pour appréhender l'ampleur des coûts économiques, sociaux et humains qu'engendre un conflit à grande échelle. Dès avril 2022, à peine quelques semaines après le début de l'invasion, le Centre for Economic and Policy Research (CEPR) esquissait déjà une feuille de route pour la reconstruction, s'appuyant sur les précédents historiques que constituent le plan Marshall, la réunification de l'Allemagne, ou encore les reconstructions post-conflit en Irak et en Afghanistan, mais aussi sur les leçons tirées de catastrophes naturelles majeures. Les premières estimations, déjà saisissantes, reposaient sur une approche dite *bottom-up*, mobilisant des données issues du gouvernement ukrainien, de la Kyiv School of Economics ou encore d'organisations internationales. Cette méthodologie visait à couvrir l'ensemble des dimensions de la destruction : infrastructures essentielles (ports, chemins de fer, routes, réseaux d'eau et d'électricité), coût direct de l'effort de guerre (armement, munitions), pertes civiles (logement, indemnisation pour décès et blessures), et enfin pertes économiques projetées (baisse des revenus des ménages et des entreprises, chute des investissements directs étrangers, désorganisation du tissu productif). Les estimations s'étendaient de 500 à 1 000 milliards de dollars, la borne haute représentant à elle seule près d'un tiers du PIB annuel français. Fin 2024, la Kyiv School of Economics a affiné ces évaluations pour les seules infrastructures physiques. Les chiffres donnent le vertige. La reconstruction de plus de 200 000 maisons individuelles et de 27 000 immeubles nécessiterait 60 milliards de dollars. Les dommages infligés aux 26 000 kilomètres de routes, aux réseaux ferroviaires et portuaires sont estimés à 38,5 milliards. Le secteur énergétique, frappé par la destruction des centrales de Kakhovka, Dnipro, Trypillia et Zmiiv, a subi des pertes à hauteur de 14,6 milliards de dollars. Les secteurs de l'industrie, des services et de la construction enregistrent 14,4 milliards de dommages, avec près de 500 entreprises partiellement ou totalement détruites. Le secteur agricole a perdu 130 000 machines, 4 millions de tonnes de capacité de stockage, 16 000 hectares de cultures pérennes, auxquels s'ajoutent près de 300 000 hectares de forêt détruits, pour un total de 14,8 milliards de dollars. Les secteurs éducatif et sanitaire sont également sinistrés : plus de 4 000 établissements d'enseignement – dont 97 universités – et 1 500 structures médicales ont été endommagés ou détruits, pour un coût estimé à 11,6 milliards de dollars. Les atteintes aux infrastructures culturelles, religieuses, sportives et touristiques atteignent 4 milliards, tandis que les dégâts aux réseaux de chauffage, de logement et de télécommunications dépassent 4,7 milliards, avec des zones entières où la destruction est quasi totale.

De la même façon, le conflit à Gaza constitue un exemple tragique parmi les plus extrêmes de guerre aux conséquences humaines, sociales et économiques abyssales. Dans un rapport conjoint publié en février 2025, la Banque mondiale, l'Union européenne et les Nations unies dressent un constat glaçant après quinze mois de dévastation. Les bombardements, d'une intensité inégalée au XXIe siècle, ont provoqué la destruction massive des infrastructures physiques : la quasi-totalité des plus de 500 écoles ont été détruites, ainsi que les universités, tandis que plus des trois quarts des hôpitaux ne sont plus en mesure de fonctionner. Les pertes économiques et sociales sont évaluées à plus de 50 milliards de dollars. Le PIB réel s'est effondré de plus de 80 % au premier semestre 2024 par rapport à l'année précédente. Le taux de chômage atteint 80 %, tandis que les prix à la consommation ont été multipliés par quatre en un an. La ville de Rafah, qui comptait autrefois près de 250 000 habitants, est détruite à plus de 70 %. À cette dévastation matérielle s'ajoute l'impossible quantification de ce que de nombreux spécialistes désignent désormais comme un « futuricide » : l'arrachement d'une population entière à son territoire, la contraignant au déplacement forcé, annihilant toute projection d'avenir sur une terre elle-même victime d'un écocide. Terres arables rendues stériles, écosystèmes détruits, cheptel décimé, infrastructures d'irrigation anéanties : autant d'atteintes irréversibles au tissu écologique et agricole local. Quantifier l'ampleur de la tragédie humaine relève sans doute de la gageure, mais un chiffre donne la mesure de cet effondrement : 97,9 % des Palestiniens de Gaza vivent désormais dans une situation de pauvreté multidimensionnelle profonde, contre 63,7 % avant le conflit qui a commencé après les attaques du 7 octobre 2023. L'Indice de développement humain (IDH), qui mesure la qualité de vie à travers la santé, l'éducation et le revenu, reflète cette régression dramatique : selon la Banque mondiale, près de soixante-neuf années de progrès en matière de développement humain à Gaza ont été effacées en quelques mois.

Les coûts macroéconomiques des conflits civils sont aussi terriblement importants. Le cas du Népal, ravagé par une guerre civile de 1996 à 2006, en offre une illustration frappante. Les pertes en infrastructures ont été estimées à au moins 250 millions de dollars, tandis que le coût global du conflit représenterait entre 8 % et 10 % du PIB, selon la Banque asiatique de développement (2005). À une autre échelle, le génocide rwandais de 1994, comparé à la situation de 1990, a provoqué une chute de 40 % du PIB par habitant, une croissance divisée par deux, une explosion de la dette extérieure (passant de 28 % à 127 % du PIB), et une disparition totale des investissements directs étrangers, qui plongent de 8 millions de dollars à zéro. Dans le même temps, la proportion de la population vivant avec moins de 1 dollar par jour est passée de 40 % à 78 %, illustrant l'effondrement brutal des conditions de vie.

Les mots de Fénelon, en préambule de ce chapitre, écrits à la fin du XVIIe siècle, résonnent avec une force intacte lorsqu'on s'intéresse aux effets micro-économiques des conflits civils. Car au-delà des coûts macroéconomiques que j'ai détaillés brièvement, ce sont les individus, les familles, les communautés qui portent le poids le plus intime et le plus brutal de la guerre. La guerre désorganise les modes de subsistance, interrompt les parcours scolaire et professionnel, détruit les actifs physiques et symboliques des ménages, et plonge des millions de personnes dans l'incertitude. Les marchés locaux s'effondrent ou se réorientent vers les économies de guerre, les chaînes d'approvisionnement informelles remplacent les réseaux commerciaux habituels, et la précarité devient la norme. Analyser les effets microéconomiques des conflits civils permet de documenter, de manière fine, la fragmentation progressive des mécanismes économiques de base au sein des ménages et des communautés, et de saisir comment la violence affecte directement les conditions de vie, les choix économiques et les capacités d'adaptation des populations, à court, à moyen et à long terme. Dans les pages qui suivent, j'ai délibérément choisi de porter une attention particulière aux conséquences individuelles des conflits, là où leurs effets apparaissent les plus marquants, les plus riches d'enseignements, parfois les plus inattendus, et où l'action publique dispose d'un levier d'intervention significatif.

Cette focale sur l'individu et sur les vies bouleversées par la guerre trouve une résonance particulière dans certaines œuvres cinématographiques, qui donnent à voir, avec une force évocatrice rare, la manière dont les conflits s'inscrivent dans les trajectoires humaines. Qu'il s'agisse du film *Le vent se lève* (2006), de Ken Loach, retraçant la guerre d'indépendance irlandaise et la guerre civile qui lui succéda, des *Tortues volent aussi* (2004), de Bahman Ghobadi, dont l'action se situe dans un camp de réfugiés kurdes à la veille de l'invasion de l'Irak, ou encore d'*Incendies* (2010), de Denis Villeneuve, ancré dans un pays fictif mais inspiré des conflits libanais, ces récits donnent chair aux mécanismes de l'engagement individuel et aux logiques d'escalade de la violence. À l'image de la série *No Man's Land*, qui explore le rôle des unités féminines de protection dans la lutte contre Daech en Syrie, ils révèlent aussi, avec une intensité poignante, les séquelles profondes et durables laissées par les conflits sur les parcours de vie, les mémoires collectives et les représentations de l'avenir. La guerre y apparaît moins comme un simple épisode que comme une fracture fondatrice, une faille intime et politique qui façonne les imaginaires et marque durablement les générations.

2

L'enfance en guerre : premières victimes, cicatrices durables

> « Chaque guerre est une guerre
> menée contre des enfants. »
>
> Eglantyne Jebb,
> fondatrice de Save the Children

Il paraît inconcevable d'ouvrir un panorama des différents coûts microéconomiques des conflits armés sans commencer par les enfants. Comme l'a rappelé Henrietta Fore, directrice générale de l'UNICEF, à l'occasion du trentième anniversaire de la Convention relative aux droits de l'enfant : « Les enfants ont toujours été les premières victimes de la guerre. » Ils sont aussi souvent les premières victimes invisibles des conflits armés. L'ONG Save the Children estime que le nombre d'enfants exposés à la violence a presque doublé depuis le milieu des années 1990. La proportion d'enfants vivant dans des zones de conflit est ainsi passée de 10 % à 19 % de la population enfantine mondiale. En 2023, cela représentait 473 millions d'enfants. L'ONG va plus loin en documentant les conflits où sont commises l'une ou plusieurs des six violations graves reconnues par les Nations unies : meurtres et mutilations, recrutement et utilisation d'enfants soldats, enlèvements, violences sexuelles, attaques contre les écoles et les hôpitaux, et obstruction de l'aide humanitaire. En 2023, plus de 30 000 violations graves ont été recensées. En 2020, Save the Children estimait que plus de 330 millions d'enfants vivaient à moins de 50 kilomètres d'un groupe armé ayant revendiqué le recrutement ou l'utilisation d'enfants. Dans plus de 70 % des conflits où des violences sexuelles sont documentées, celles-ci concernent aussi des enfants.

Tous les enfants ne sont pas exposés à la violence avec la même intensité, mais un nombre croissant de travaux académiques montre que même une exposition modérée ou indirecte, lorsqu'elle survient précocement, peut avoir des effets durables et profonds sur les trajectoires individuelles. Cette vulnérabilité précoce se traduit par une déscolarisation massive, des traumatismes psychologiques persistants, une érosion du capital humain, et un effondrement des perspectives d'avenir. Dès lors, toute analyse des effets microéconomiques des conflits armés doit accorder une place centrale à cette jeunesse confrontée à la guerre avant même d'avoir eu la possibilité de se construire.

Dans une étude fondatrice de cette littérature, Gianmarco León (2012) exploite le cas du conflit civil péruvien pour estimer l'impact d'une exposition précoce à la violence sur l'accumulation de capital humain. En mobilisant les données des recensements nationaux de 1993 et 2007, il montre que les individus exposés à la violence avant l'âge scolaire (*in utero*, petite enfance) accumulent en moyenne 0,31 année de scolarité en moins à l'âge adulte. En revanche, ceux qui subissent le conflit après l'entrée à l'école parviennent à rattraper leur retard scolaire. En analysant les mécanismes, l'auteur identifie à la fois des effets d'offre (comme la perte d'enseignants retardant l'entrée en école) et des effets de demande, liés notamment à la dégradation durable de la santé maternelle après un choc de violence, affectant la santé et la scolarité des enfants. Pour mieux saisir l'ampleur des effets mesurés, l'auteur les compare à ceux d'interventions éducatives. Ainsi, Esther Duflo, Prix de la Banque de Suède en sciences économiques en mémoire d'Alfred Nobel, montre que le vaste programme de construction d'écoles en Indonésie a conduit, à long terme, à un gain de 0,12 à 0,19 année de scolarité par école construite pour 1 000 enfants, un effet relativement similaire, mais dans le sens inverse, de celui observé dans le contexte péruvien. Ainsi, pour mitiger les effets de long terme du conflit, il aurait fallu construire plus de 800 nouvelles écoles. Par ailleurs, dans un cadre post-conflit comparable, Richard Akresh et Damien de Walque (2008) estiment que quatre ans après le génocide rwandais, les enfants directement exposés à la violence ont perdu un semestre de scolarité primaire. Ces résultats soulignent combien une exposition précoce à la guerre peut générer des pertes irréversibles en matière de bien-être et de capital humain, et renforcent l'idée que les efforts de reconstruction post-conflit doivent cibler en priorité les jeunes enfants et les femmes enceintes, afin d'atténuer les conséquences à long terme de la violence.

Récemment, Marco Alfano et Thomas Cornelissen (2025) ont produit une étude reposant sur une approche particulièrement pertinente. Ils partent du constat que la littérature académique s'est essentiellement concentrée sur les conséquences des conflits pour les acteurs directement exposés à la violence. En s'intéressant aux violences commises par le groupe al-Shabaab en Somalie, notamment le long des routes commerciales, ils estiment dans quelle mesure les communautés, même éloignées des zones de violence, peuvent en subir les effets, notamment à travers la perturbation des réseaux de distribution alimentaire, en l'occurrence du maïs, un produit de première nécessité en Somalie. Ils montrent d'abord qu'un événement violent sur les routes d'acheminement entraîne une hausse du prix du maïs, y compris dans des localités situées à plus de 900 kilomètres du lieu de l'événement. Cette augmentation des prix engendre plusieurs effets. D'une part, les ménages déclarent avoir modifié leurs habitudes alimentaires, renonçant au maïs devenu trop onéreux. D'autre part, les données d'enquête indiquent que ces changements alimentaires ont conduit à une dégradation de la santé des enfants, notamment à travers une hausse de certaines maladies infectieuses comme la gastro-entérite. Enfin, pour faire face à cette pression économique, de nombreux foyers ont tenté d'augmenter leurs revenus en retirant leurs enfants de l'école pour les envoyer travailler. Les auteurs mettent ainsi en évidence une diminution significative de la fréquentation scolaire. Je reviendrai plus en détail sur ce point ultérieurement, mais les conclusions de ce travail soulignent la nécessité de prendre en compte, pour mesurer avec précision les coûts et les conséquences d'un conflit, les effets négatifs subis par des communautés pourtant éloignées des zones de violence.

Comme nous avons déjà commencé à le voir, la guerre s'accompagne inévitablement d'un cortège de destructions multiples : effondrement du système de santé, désorganisation des cycles agricoles, rupture des chaînes d'approvisionnement alimentaire, et, dans de nombreux cas, famine. Les conséquences sur la santé sont donc attendues pour être particulièrement sévères. En particulier, la littérature souligne que la santé pendant la période fœtale, la petite enfance et les premières années de la vie joue un rôle déterminant dans la trajectoire individuelle. Elle conditionne non seulement la santé à l'âge adulte, mais également le niveau d'éducation atteint et les performances sur le marché du travail. Autrement dit, les privations et les chocs sanitaires subis très tôt dans la vie laissent des traces profondes et durables, bien au-delà de la fin des hostilités.

Richard Akresh, Sonia Bhalotra, Marinella Leone et Una Okonkwo Osili (2012) analysent les conséquences à long terme du conflit au Nigeria entre 1967 et 1970, dans lequel sont mortes entre un et trois millions de personnes et qui a provoqué des destructions et une famine d'une ampleur inédite. Les auteurs s'intéressent aux effets de cette guerre sur la santé des survivants, trois à quatre décennies plus tard, en mobilisant l'indicateur de la taille adulte. Celle-ci est largement utilisée comme une approximation du contexte nutritionnel et sanitaire durant la petite enfance, et ses variations permettent de prédire des dimensions clés du bien-être telles que l'espérance de vie, le niveau d'éducation, les revenus, et même la santé des générations futures. En exploitant des données individuelles collectées au début des années 2000, ils comparent la taille adulte de femmes ayant été exposées à la guerre à différents âges à celle de femmes qui n'y ont pas été exposées. Les résultats sont sans appel : les femmes exposées pendant leur enfance ou leur adolescence présentent une stature significativement plus faible. L'effet varie selon l'âge d'exposition : les filles âgées de 0 à 3 ans au moment du conflit mesurent en moyenne 0,75 centimètre de moins ; celles exposées entre 4 et 6 ans perdent 1,09 centimètre ; entre 7 et 12 ans, la perte atteint 2,16 centimètres ; et elle culmine à 4,53 centimètres chez les adolescentes âgées de 13 à 16 ans pendant la guerre. Ces résultats confirment que les conflits armés, au-delà de leurs conséquences immédiates, altèrent durablement le développement physique, symptôme d'un environnement nutritionnel et sanitaire profondément dégradé, et laissent des traces mesurables des décennies plus tard.

Augustin Tapsoba (2023) développe l'idée selon laquelle, au-delà de l'exposition directe à la violence, l'insécurité ressentie et la peur anticipée de la violence peuvent à elles seules avoir des effets significatifs sur la santé. Les individus vivant dans un contexte d'instabilité, même sans être directement touchés par un acte violent, peuvent modifier leurs comportements en réaction à la menace : déplacement, changement de modes de production ou de consommation, déscolarisation, ou limitation de l'accès aux soins. Ces ajustements défensifs peuvent, à leur tour, avoir des effets durables, notamment sur le développement des enfants. Pour appréhender cette dimension, Augustin Tapsoba propose une mesure innovante de l'insécurité, fondée sur la distribution spatiale et temporelle des événements violents. Il souligne que le sentiment d'insécurité dépend non seulement du nombre d'événements violents dans l'environnement immédiat, mais aussi de la manière dont ces événements sont répartis dans le temps et l'espace. Par exemple, vivre dans une zone où 12 événements violents ont lieu dans un rayon de 50 kilomètres sur une année peut générer un sentiment d'insécurité bien plus élevé si ces événements sont répartis régulièrement sur douze mois (suggérant une menace permanente), plutôt que concentrés sur une seule journée. De même, le stress ressenti sera plus important si les violences sont géographiquement dispersées autour du lieu de vie plutôt que localisées en un seul point. Cette approche souligne que le vécu de l'insécurité est une expérience quotidienne, cumulative, et largement contextuelle, dont les conséquences sanitaires méritent une attention particulière dans l'analyse des effets microéconomiques des conflits armés. Pour tester cette hypothèse, l'auteur s'appuie sur les cas de la Côte d'Ivoire et de l'Ouganda. L'étude met en évidence un résultat central : le simple risque de violence, même en l'absence d'événements violents effectivement survenus, a des effets significatifs sur la mortalité infantile. Une augmentation significative (un écart-type) du niveau de risque de violence entre la conception et le premier anniversaire de l'enfant entraîne une hausse de la mortalité infantile de 1 point de pourcentage en Côte d'Ivoire et de 0,8 point en Ouganda. L'effet est particulièrement marqué pour les enfants appartenant au quartile supérieur de risque, avec une augmentation de la mortalité infantile de 6 points en Côte d'Ivoire et 3 points en Ouganda, soit plus de la moitié du taux moyen de mortalité infantile dans chacun de ces pays. Les mécanismes à l'œuvre identifiés par l'étude sont multiples : la dégradation de l'accès aux services de santé, la malnutrition, et surtout le stress maternel, qui affecte le développement prénatal. Les mères exposées à un risque élevé de violence pendant leur grossesse, qui par ailleurs ont un accès réduit aux soins de base, sont plus susceptibles de donner naissance à un enfant de faible poids, et présentent une durée plus longue d'aménorrhée post-partum. L'ensemble des résultats soutient l'idée que le conflit constitue un bien public négatif à l'échelle locale : le simple fait de vivre sous un risque élevé de violence peut provoquer des reculs majeurs en matière de santé infantile. Sur le plan des politiques publiques, cela invite à repenser à la fois l'échelle et les cibles des interventions dans les contextes de conflit, en élargissant la prise en compte des effets anticipés de la violence, au-delà des seules zones où elle se réalise effectivement.

Au-delà des effets immédiats sur la mortalité infantile et la santé physique, les conflits armés ont également des répercussions profondes sur la santé mentale des populations exposées. De nombreuses études mettent en évidence une prévalence élevée du trouble de stress post-traumatique (TSPT) parmi les individus vivant dans des contextes d'insécurité chronique. Or, ce trouble ne se limite pas à des symptômes psychologiques isolés : il est fortement corrélé à d'autres pathologies graves, telles que le diabète, les maladies cardiovasculaires, mais aussi la dépression et les comportements addictifs. Ces liens soulignent combien l'impact des conflits dépasse le champ immédiat de la violence physique pour s'inscrire dans une dynamique de dégradation globale et persistante du bien-être individuel et collectif.

Or, comme je l'ai souligné dès l'introduction de cet ouvrage, l'un des enjeux fondamentaux pour tous les acteurs susceptibles d'influencer, même modestement, la compréhension, la résolution ou la gestion des conséquences des conflits, est de savoir comment briser le cycle vicieux de la violence. Dans un article publié en 2019 par Veronica Preotu Petrencu, Dominic Rohner, Mathias Thoenig et moi, nous explorons précisément cette question en nous intéressant à la manière dont la violence peut se reproduire à long terme chez les individus exposés à un conflit armé durant leur jeunesse. Nous distinguons deux formes d'exposition : une exposition directe, qui renvoie à des traumatismes psychologiques liés à la participation à des actes violents, à leur observation ou à la victimisation ; et une exposition indirecte, résultant de la privation économique, de la déscolarisation, ou de la reconfiguration du capital social, affectant notamment la confiance à l'égard des membres de l'endogroupe et de l'exogroupe, ainsi que les normes morales. Pour identifier les effets persistants de cette exposition, nous exploitons des données sur les requérants d'asile en Suisse, originaires de pays ayant connu un conflit armé.

L'approche consiste à comparer des individus d'un même pays, ayant tous émigré en Suisse, mais dont le degré d'exposition à la violence durant l'enfance diffère : certains ont grandi dans leur pays d'origine alors qu'il était en guerre, tandis que d'autres sont nés après la fin du conflit. Ce contraste permet d'isoler l'effet spécifique de l'exposition précoce à la violence, en évitant les comparaisons biaisées entre migrants et populations natives. J'ouvre ici une parenthèse importante, car cette étude a suscité, lors de sa publication, un certain écho médiatique. J'ai été contacté par un journaliste souhaitant que notre travail illustre l'idée que les migrants seraient structurellement plus violents que les nationaux. Je lui ai alors rappelé que l'ensemble des recherches scientifiques rigoureuses, nombreuses et solides ne montrent aucune corrélation et effet causal entre migration et violence, contrairement à ce que soutiennent certains discours populistes de droite et d'extrême droite. De plus, notre étude ne portait nullement sur ce sujet, mais sur les différences de trajectoires entre cohortes issues d'un même pays, exposées ou non à la violence dans leur jeunesse. La conversation fut brève : ne recevant pas la réponse qu'il espérait, le journaliste mit abruptement fin à l'échange, en m'indiquant que si je ne voulais pas parler de la violence des migrants, notre travail ne présentait aucun intérêt.

Partant du principe que le lecteur abordera ces résultats avec davantage de rigueur et d'ouverture d'esprit que certains commentateurs médiatiques, permettez-moi d'en présenter les principaux résultats. Nous montrons que, en moyenne, les individus exposés à un conflit armé dans leur pays d'origine avant l'âge de 12 ans présentent un niveau de violence 40 % plus élevé que celui de leurs compatriotes migrants n'ayant jamais été exposés à un conflit armé. Cette différence s'accroît avec l'intensité de l'exposition pendant la jeunesse, et plus encore lorsque l'exposition a eu lieu avant l'âge de 5 ans, en cohérence avec d'autres résultats présentés plus haut dans ce chapitre. Deux résultats supplémentaires méritent, à mon sens, d'être particulièrement soulignés. D'une part, les données suisses sur les faits de violence interpersonnelle que nous utilisons présentent une richesse rare : elles identifient la nationalité de la victime. Cette précision fait apparaître que l'essentiel de la violence supplémentaire observée est dirigé non pas contre les autres communautés, mais contre les membres de sa propre communauté nationale. Ce résultat est d'autant plus important qu'il met en lumière des griefs persistants, qui, même des années, voire des décennies après les conflits et au-delà des frontières du pays d'origine, continuent de structurer les comportements violents. Il donne ainsi un aperçu de la poudrière que représentent des sociétés où les individus ont été durablement opposés par la violence, y compris lorsqu'ils se retrouvent dans un contexte de migration. Le second résultat tient à la structure fédérale de la Suisse, où les 26 cantons disposent d'une large autonomie dans la mise en œuvre des politiques d'accueil des requérants d'asile. Certains cantons autorisent l'accès au marché du travail, privilégient l'hébergement individuel, proposent des aides financières ou des cours de langue et de formation professionnelle. D'autres, au contraire, restreignent fortement la participation sociale, voire interdisent l'accès à certains espaces publics. À titre d'exemple, en août 2013, la commune de Bremgarten (canton d'Argovie) a exclu les demandeurs d'asile de 32 zones dites « sensibles », telles que les bibliothèques, piscines ou terrains de sport, au nom de la prévention des tensions entre migrants et résidents. Dans ce contexte, notre étude montre que lorsque des politiques cantonales inclusives, respectueuses de la dignité des personnes et favorisant leur intégration sociale sont mises en œuvre, la violence associée à l'exposition aux conflits dans l'enfance tend à disparaître presque entièrement. Ce résultat rappelle, s'il en était besoin, que la reproduction de la violence n'est pas une fatalité, mais dépend étroitement des conditions d'accueil, de reconnaissance et d'insertion offertes aux individus dans leur nouveau cadre de vie.

3

Dominer, humilier, exploiter : quand le genre devient stratégie

« Le viol est au cœur des cultures de la guerre,
de la colonisation et du déplacement forcé,
qui ont fait de l'oppression de genre
et de la violence sexuelle
une monnaie mondiale du désespoir. »

Michelle Chen,
« Wiping the Stain Clean »

Comme le souligne Michelle Chen, la question du genre est, hélas, profondément entremêlée à celle des conflits, et ce à de multiples niveaux. Si les guerres peuvent, dans certaines configurations, bousculer les hiérarchies établies et ouvrir des brèches dans l'ordre social, elles tendent aussi, et souvent simultanément, à renforcer des formes anciennes ou renouvelées de domination.

Un des enseignements majeurs de la Première et de la Seconde Guerre mondiales, abondamment transmis dans les manuels d'histoire, est que ces conflits ont profondément bouleversé les rôles sociaux, en particulier celui des femmes. En l'absence des hommes mobilisés au front, les femmes ont assuré des fonctions essentielles dans l'économie, l'administration, et parfois même dans la logistique militaire. Présentes dans les usines, les transports, les hôpitaux ou les services de renseignement, elles ont indéniablement rappelé s'il le fallait leur capacité à soutenir directement l'effort de guerre. Cette visibilité renouvelée n'a pas toujours débouché sur une émancipation durable, mais elle a incontestablement fragilisé les normes de genre établies et ouvert la voie à de futures revendications. Par certains aspects, les femmes ont pu apparaître comme les « gagnantes » de ces bouleversements.

Mais cette lecture du conflit comme facteur d'émancipation féminine se heurte, dans la réalité des dernières décennies marquées par des guerres civiles et asymétriques, à une dynamique profondément différente. Loin d'ouvrir des espaces d'autonomie, ces conflits tendent au contraire à exacerber les dépendances préexistantes. Un chiffre suffit à en mesurer l'ampleur : selon la Banque mondiale (2011), près de 80 % des personnes déplacées par les conflits sont des femmes. Ces migrations forcées s'effectuent dans des conditions sanitaires dégradées, exposant particulièrement les femmes à la malnutrition, aux complications liées à la maternité, ainsi qu'à une prévalence accrue de maladies infectieuses. Les conflits ne se contentent donc pas de désorganiser les structures économiques et sociales : ils approfondissent les inégalités de genre, en aggravant les atteintes à la santé, à la sécurité et à la dignité des femmes.

Au-delà des atteintes directes à la santé et à la sécurité, les conflits armés modifient en profondeur les structures sociales les plus intimes, à commencer par les normes matrimoniales et les trajectoires familiales, perturbant profondément les équilibres démographiques et économiques. La surmortalité masculine et l'enrôlement militaire entraînent une contraction de l'offre de partenaires sur le marché du mariage, provoquant une hausse des coûts de recherche et des transferts matrimoniaux, comme le montrent les cas de la Colombie ou du Tadjikistan. Cette raréfaction masculine peut retarder les mariages, voire en exclure durablement certaines femmes. À l'inverse, dans des contextes de déplacement forcé et de précarité économique, le mariage précoce peut devenir un mécanisme d'adaptation, censé garantir protection et stabilité. C'est ce que révèlent les observations faites en Irak, au Yémen ou encore en Syrie. Matthew DiGiuseppe et Ross Haer (2023) soulignent qu'en Afrique de l'Ouest, la survenue d'un conflit armé réduit en moyenne l'occurrence des mariages d'enfants de 13 à 18 %, en raison de la raréfaction de la demande masculine. Cependant, lorsque les tactiques de guerre incluent des violences sexuelles ou des enlèvements, cette tendance s'inverse : les auteurs mesurent alors une augmentation significative du nombre de mariages précoces, de l'ordre de 12 à 18 %. Dans ce contexte, le mariage devient un mécanisme de protection anticipée, mobilisé par les familles face à la menace directe que représente le conflit pour les filles. Ces adaptations s'accompagnent souvent d'un retrait prématuré de l'école, réduisant durablement les perspectives d'autonomie économique et les possibilités des jeunes filles, bien au-delà de la période de guerre.

Mais l'un des effets les plus brutaux et persistants des conflits, au croisement des questions relatives au corps, au genre et au pouvoir, réside dans l'usage stratégique de la violence sexuelle. La question des conséquences différenciées selon le genre est indissociable d'un phénomène ancien, particulièrement récurrent dans les contextes de guerre : la violence sexuelle. Utilisée comme arme de terreur et de domination, elle est documentée dans de multiples conflits, de l'Algérie coloniale à l'Ukraine aujourd'hui, en passant par l'est de la République démocratique du Congo depuis 2009, les centres de détention libyens visant les migrants, les prisons syriennes du régime Assad, ou encore les geôles israéliennes et russes. Les témoignages, aussi glaçants que rares, n'offrent qu'un aperçu de cette réalité, tant le silence reste la norme : la honte, la peur et l'absence de recours découragent encore massivement les victimes de se signaler. La violence sexuelle sert souvent à briser l'individu, mais aussi à déstructurer les communautés : elle inflige des traumatismes physiques et psychologiques durables, tout en provoquant l'éclatement des liens sociaux, en particulier dans les conflits ethniques ou intercommunautaires où la transgression délibérée des tabous culturels renforce la portée destructrice de l'acte. Sous l'appellation de « violence sexuelle liée au conflit », les Nations unies regroupent des actes tels que le viol, l'esclavage sexuel, la prostitution forcée, la grossesse ou l'avortement imposés, la stérilisation contrainte ou le mariage forcé, commis contre des femmes, des hommes ou des enfants. Ces violences s'inscrivent dans un contexte où l'effondrement institutionnel, l'impunité, l'appartenance réelle ou supposée à une minorité persécutée, ou encore l'intervention d'acteurs armés étatiques ou non étatiques créent un terreau favorable à leur banalisation. Elles laissent derrière elles des traces profondes, non seulement sur les corps et les esprits, mais aussi sur le tissu même des sociétés qu'elles visent à déchirer.

Dans un effort pour dépasser les seuls récits glaçants et mieux comprendre les mécanismes sous-jacents à la violence sexuelle en temps de guerre, Maleke Fourati, Victoire Girard et Jérémy Laurent-Lucchetti (2022) proposent une lecture économique et stratégique de ce phénomène. Leur analyse s'ouvre sur les mots du docteur Denis Mukwege, Prix Nobel de la paix, dans un discours prononcé à l'Unesco en 2018 : « Le viol et les violences sexuelles constituent une arme de guerre redoutable [...]. Il est évident que ces viols ne sont pas motivés par des pulsions sexuelles mais constituent un moyen de débiliter, voire d'anéantir une population. Autrement dit, les agresseurs peuvent s'emparer de ces lieux en maîtres absolus. Ces lieux sont souvent des zones minières riches en coltan ou en or. » Cette perspective trouve un écho dans les données qualitatives recueillies par les auteurs, qui soulignent le rôle déterminant que peuvent jouer les ressources naturelles dans le déclenchement et l'intensification de ces violences. L'exemple du groupe armé Nduma Defense du Congo (NDC), dans l'est de la RDC, en offre une illustration frappante : entre le 30 juillet et le 2 août 2010, au moins 387 civils furent violés dans treize villages du territoire de Walikale, riche en minerais. Un chef local déclara, au lendemain des attaques, que ces actes étaient directement liés à la volonté de contrôle sur les ressources : « Les minerais sont notre malédiction » (Smith, 2010). Pour l'Afrique, de 1997 à 2018, les auteurs montrent empiriquement qu'une hausse du prix de l'or accroît significativement l'incidence de violences sexuelles dans les zones favorables à l'orpaillage artisanal, un mode d'exploitation intensif en main-d'œuvre et difficile à surveiller. En revanche, aucune augmentation comparable n'est observée dans les zones de mines industrielles ou les zones agricoles. Ce contraste souligne que la nature du mode d'extraction, et non la seule valeur des ressources, détermine l'usage de la violence. Les groupes armés utilisent le viol comme un levier de contrôle territorial et fiscal : en instaurant un climat de peur et d'humiliation, ils réduisent la capacité des civils à dissimuler leur production, facilitant ainsi l'extorsion de rentes. Dans les zones où la main-d'œuvre locale est indispensable, la violence sexuelle, non létale mais symboliquement destructrice, devient un outil stratégique, substitut à la violence physique, pour imposer l'ordre du groupe et maximiser les gains liés à l'exploitation des ressources. Loin d'être le simple produit de la brutalité du conflit, la violence sexuelle peut ainsi répondre à des logiques de conquête économique, de domination territoriale et de terreur organisée.

Parmi les formes de violence sexuelle en contexte de conflit, une dimension reste encore largement ignorée ou minimisée : celle subie par les hommes et les garçons. Longtemps invisibilisée, cette réalité constitue pourtant une question cruciale pour comprendre l'ensemble des mécanismes de domination et d'humiliation mis en œuvre en temps de guerre. Si les femmes et les filles demeurent les principales victimes, les hommes ne sont pas épargnés, bien au contraire. Dans plusieurs conflits récents, dont celui en Ukraine, des témoignages et enquêtes font état de violences sexuelles systématiques contre des détenus masculins : viol, décharges électriques sur les organes génitaux, mutilation et autres actes visant explicitement à briser l'identité masculine socialement construite sur la force et la protection. Cette stratégie n'est pas propre au conflit ukrainien. Elle a été documentée dans des contextes aussi divers que la Bosnie-Herzégovine, la République démocratique du Congo ou la Sierra Leone. Dans ces situations, la violence sexuelle sert non seulement à anéantir physiquement et psychologiquement les victimes, mais aussi à délégitimer leur statut social, en exploitant les stéréotypes d'invulnérabilité virile. Le viol d'un homme, dans ces contextes, vise à renverser brutalement l'ordre symbolique, à imposer une domination totale, et à semer la terreur dans l'ensemble de la communauté. Le silence qui entoure ces actes, alimenté par la honte, la stigmatisation et l'absence de cadre juridique adapté, participe à leur efficacité comme arme de guerre. Reconnaître cette réalité, c'est non seulement lever un tabou persistant, mais aussi permettre une prise en charge plus juste et plus complète des victimes de violences sexuelles, quels que soient leur genre et leur statut.

4

Désunion et renouveau : les paradoxes sociaux de l'après-guerre

Depuis près de deux décennies, la littérature académique, notamment en économie, anthropologie, sciences politiques et psychologie, s'est emparée de la question de savoir comment l'exposition à la violence influence l'action collective, la cohésion sociale, la coopération et d'autres dimensions fondamentales du comportement social, autant de fondations invisibles mais essentielles du vivre-ensemble. Cet intérêt croissant s'explique en partie par la disponibilité accrue de données et d'outils d'analyse permettant de documenter ces dynamiques, mais aussi, chez les économistes, par l'essor parallèle de travaux mettant en évidence le rôle central de la confiance et du capital social dans la construction d'un développement économique durable. Les résultats empiriques sont hétérogènes, variant selon les contextes, les populations concernées, l'intensité de l'exposition à la violence, mais aussi selon le moment où les effets sont mesurés, qu'il s'agisse de quelques années seulement après la fin du conflit ou de plusieurs décennies après.

Plusieurs travaux indiquent un lien fort entre exposition à la violence, repli identitaire et perte de confiance. En Ouganda, pays marqué par de violents épisodes politiques et interethniques depuis son indépendance, en 1962, Dominic Rohner, Mathias Thoenig et Fabrizio Zilibotti (2013) montrent que les individus les plus exposés à la violence conservent, même de nombreuses années après la fin des hostilités, un niveau de confiance significativement plus faible envers les autres communautés, ainsi qu'une forte propension au repli identitaire. Dans un cadre différent, au Tadjikistan, dix ans après la fin de la guerre civile, Alessandra Cassar, Pauline Grosjean et Sam Whitt (2013) réalisent des enquêtes et des expériences comportementales auprès de plus de 400 personnes afin d'évaluer l'impact de l'exposition individuelle à la violence sur les préférences sociales et économiques. Ils montrent que cette exposition réduit la confiance au sein des communautés locales, affaiblit la volonté de participer à des échanges impersonnels et renforce l'adhésion à des normes morales fondées sur les liens de parenté. Ces effets sont particulièrement marqués dans les régions où les combats ont été le plus intenses et où la polarisation politique demeure élevée. Dans le cas du conflit au Kosovo (1998-1999), Sara Kijewski et Markus Freitag (2018) identifient dix ans après le conflit un effet négatif sur la confiance sociale. Cet effet est particulièrement marqué lorsque l'individu a lui-même été directement exposé à la violence, davantage que s'il a seulement vécu dans un contexte affecté par la guerre. Les auteurs concluent que l'expérience personnelle de la violence, avec ses conséquences psychologiques durables et la désintégration des structures sociales, fournit aux individus des preuves tangibles du caractère peu fiable, hostile ou non coopératif des autres, affaiblissant ainsi durablement la confiance sociale. Finalement, Pierluigi Conzo et Francesco Salustri (2019) analysent les effets de long terme d'une exposition précoce à la Seconde Guerre mondiale. Leurs résultats montrent que les individus ayant été exposés à la guerre durant leur petite enfance développent, à l'âge adulte, des niveaux de confiance interpersonnelle plus faibles et un engagement social réduit. En s'appuyant sur les apports de la psychologie, les auteurs identifient comme mécanismes centraux le stress parental et la dégradation de la qualité des soins apportés aux enfants pendant cette période critique du développement.

A contrario, certains travaux suggèrent que les conflits armés peuvent, dans certains contextes, générer des dynamiques de renouveau social et économique. En modifiant durablement les préférences individuelles et collectives, ils ouvriraient la voie à des formes de reconstruction plus dynamiques que les équilibres précédents. Ces mécanismes pourraient contribuer à expliquer les trajectoires économiques remarquables observées dans plusieurs pays africains en sortie de conflit, comme le Mozambique, l'Angola ou le Rwanda. Dans une étude menée au Burundi, Maarten Voors et ses collègues (2012) s'inscrivent dans cette perspective. À partir d'une série d'expériences comportementales et de questionnaires, ils analysent l'impact de l'exposition à la violence sur des comportements économiques fondamentaux : altruisme, patience, prise de risque et propension à investir dans l'avenir. Leurs résultats indiquent que les individus exposés à la violence, directement ou via leur communauté, développent en moyenne des comportements plus prosociaux, prennent davantage de risques, mais adoptent aussi des préférences temporelles plus impatientes. Ces transformations comportementales profondes, en résonance avec les apports de la psychologie, rappellent que les chocs liés à la guerre, bien que destructeurs, peuvent aussi induire des ajustements durables, susceptibles de reconfigurer les bases du développement. Dans une revue de littérature, Michael Bauer et ses coauteurs (2016) passent en revue plusieurs dizaines d'études empiriques examinant les conséquences des conflits armés sur les comportements sociaux. Ils concluent qu'en moyenne, malgré des effets hétérogènes selon les contextes, les groupes sociaux ou l'intensité de l'exposition, les individus ayant été exposés à la guerre tendent à adopter, dans l'après-conflit, des comportements plus coopératifs.

Dès lors que l'on s'interroge sur les dynamiques de reconstruction post-conflit, se pose inévitablement la question de l'héritage politique des violences passées : dans quelle mesure les auteurs et les victimes d'hier peuvent-ils, ensemble, reconstruire un avenir politique commun ? S'inspirant des travaux en psychologie montrant que les victimes de violence font généralement preuve d'une grande résilience, et que, dans le sillage d'un traumatisme violent, les expériences de croissance personnelle sont souvent plus fréquentes que les troubles psychologiques, Chris Blattman (2009) s'intéresse aux effets sociopolitiques des expériences de combat et d'exposition à la violence pendant les conflits. Il s'appuie pour cela sur le cas du conflit armé ougandais, marqué par plus de vingt années de guerre civile, au cours desquelles les enlèvements par les groupes rebelles ont été fréquents. Ses résultats indiquent que les individus enrôlés de force pendant le conflit présentent une participation politique significativement plus élevée après-guerre : leur probabilité de voter augmente de 27 %, et leur probabilité de devenir un leader communautaire double. Dans d'autres travaux menés dans le même contexte, Blattman montre cependant que les enlèvements n'affectent pas de manière significative les formes non politiques de participation sociale, suggérant ainsi que les effets de la guerre sur l'engagement civique sont spécifiquement d'ordre politique. Or, l'enrôlement forcé regroupe un ensemble d'expériences (exposition à la violence, entraînement militaire, endoctrinement, éloignement du foyer), mais l'analyse indique que c'est avant tout la violence observée qui explique l'impact sur la participation politique. Aucun autre aspect de l'expérience guerrière ne semble exercer une influence comparable. Les mécanismes en jeu ne correspondent pas aux explications classiques, fondées sur les coûts de participation ou la mobilisation par les élites. Les entretiens réalisés par Blattman avec d'anciens combattants et des leaders locaux révèlent plutôt des récits de transformation personnelle, faisant écho à la littérature psychologique sur la croissance post-traumatique. Ces résultats renvoient à ceux de John Bellows et Ted Miguel (2009) en Sierra Leone. Les auteurs montrent que les individus issus de ménages ayant directement subi les violences de la guerre sont, en moyenne, plus enclins à s'engager politiquement que ceux non exposés. Ainsi, les victimes du conflit sont davantage susceptibles de s'enregistrer sur les listes électorales, d'assister à des réunions communautaires, de participer à des groupes politiques locaux, ou encore de contribuer à la fourniture de biens publics, par exemple en soutenant les écoles locales. N'observant pas de différences notables sur le plan économique entre les victimes et les non-victimes dans la période post-conflit, les auteurs concluent que c'est bien le statut de victime même qui semble induire ces comportements civiques renforcés. Markus Freitag, Sara Kijewski et Malvin Oppold (2017) évaluent les effets du conflit au Kosovo (1998-1999) et montrent que les victimes sont plus susceptibles de s'engager dans des formes de participation non institutionnalisées, comme la signature de pétitions ou la participation à des manifestations, dans la période post-conflit. Toutefois, *a contrario* du texte de John Bellows et Ted Miguel (2009), l'impact de ces expériences sur la mobilisation protestataire dépend fortement des conditions économiques rencontrées après la guerre. En particulier, les expériences de guerre n'encouragent la protestation politique que lorsqu'elles s'accompagnent de difficultés économiques dans l'après-guerre. En l'absence de telles frustrations, l'effet s'estompe.

5

Quand la guerre trie les destins

Un autre aspect crucial lié aux conflits réside dans la souffrance humaine engendrée par les déplacements massifs de population qu'ils provoquent. Des millions d'individus sont poussés sur les routes de l'exil, entraînant dans leur sillage une crise migratoire souvent doublée d'une crise humanitaire. Dans un rapport pour la Banque mondiale, Hannes Mueller, Lavinia Piemontese et Augustin Tapsoba (2017) offrent un éclairage de grande qualité sur les multiples dimensions de l'impact des conflits armés sur les dynamiques migratoires. S'appuyant sur les données de la Base de données des statistiques de population du Haut Commissariat des Nations unies pour les réfugiés (HCR) sur la période 1951-2014, les auteurs estiment qu'un conflit civil de faible intensité, c'est-à-dire faisant moins de 1 000 morts par an au combat, engendre en moyenne 500 000 déplacés. Ce nombre peut s'élever jusqu'à 1,2 million pour les conflits les plus meurtriers. La violence conduit ainsi, de manière systématique, à une crise humanitaire d'ampleur. Les auteurs s'interrogent alors sur les mécanismes à l'œuvre : dans quelle mesure ces flux migratoires sont-ils dus uniquement aux famines provoquées par la destruction des infrastructures, des cultures ou des chaînes d'approvisionnement en biens essentiels ? Leur analyse met en évidence un effet propre de la violence, indépendant de celui de la famine, même si les deux se renforcent mutuellement dans leurs effets sur la migration. Un autre enseignement notable de leur étude est la temporalité de ces mouvements de population. Seuls 20 % des déplacements ont lieu durant la première année du conflit, et les auteurs ne trouvent aucun effet d'anticipation. Autrement dit, les flux migratoires ne précèdent pas le déclenchement des hostilités. Cela suggère une certaine résilience des populations, mais peut-être aussi un aveuglement face à l'imminence du conflit ou l'espoir d'un règlement rapide des violences, incitant ainsi à retarder le départ aussi longtemps que possible.

Dans une perspective de reconstruction, il est frappant de constater qu'en moyenne 80 % des personnes déplacées retournent dans leur pays d'origine au cours de l'année suivant la fin des combats. Toutefois, pour les 20 % restants, la situation est bien différente : dix ans après la fin des hostilités, environ 15 % de l'ensemble des personnes ayant fui la guerre ne sont toujours pas revenues, ce qui souligne l'ampleur des ruptures durables engendrées par les conflits.

De nombreuses études en sciences sociales adoptent une approche microéconomique qui éclaire à la fois les motivations individuelles, les caractéristiques poussant certaines personnes sur les routes de l'exil en temps de conflit, et les destinations où les migrants projettent de fuir. Trois études, menées dans des contextes distincts, donnent à saisir toute la complexité de ce phénomène.

Tout d'abord, de façon très éclairante, dans le contexte de l'insurrection maoïste au Népal, Pratikshya Bohra-Mishra et Douglas Massey (2011) mettent en évidence que, même en période de conflit, les trajectoires migratoires demeurent profondément façonnées par les inégalités d'accès aux ressources. La possession de terres agricoles freine les départs à l'intérieur du pays, mais favorise les migrations internationales. De meilleures conditions de vie domestique (d'accès à l'eau, à l'électricité ou d'infrastructures) réduisent également la probabilité de migrer à l'échelle locale. Le capital humain joue un rôle central : le niveau d'éducation et les compétences professionnelles renforcent la propension à migrer, tandis que l'âge agit comme un facteur limitant. Les réseaux sociaux – au sens premier du terme – se révèlent quant à eux déterminants : le fait qu'il y ait un migrant au sein du ménage augmente significativement les chances de départ. Enfin, des disparités notables apparaissent selon le genre et l'ethnicité : les femmes célibataires sont nettement moins mobiles que leurs homologues masculins, en particulier à l'international, tandis que les femmes mariées migrent davantage à l'échelle nationale. Les membres des castes hindoues supérieures et des groupes tibéto-birmans, historiquement plus mobiles, présentent également une propension plus forte à migrer.

Comme mentionné dans le chapitre précédent, de nombreux groupes armés, dans les contextes de guerre civile, tendent à se substituer à l'État central ou aux autorités régionales afin d'asseoir leur emprise sur les populations locales, notamment par la fourniture de biens publics ou l'instauration d'un régime de terreur. Dans une étude approfondie, Mara Redlich Revkin (2021) mobilise des entretiens semi-directifs et une enquête originale conduite auprès de ménages à Mossoul, ville placée sous le contrôle de l'État islamique pendant plus de trois années, pour comparer les caractéristiques des personnes restées sur place et celles ayant choisi de fuir. Elle montre que les individus ayant perçu une amélioration de leurs conditions de vie sous le régime de l'État islamique étaient plus enclins à demeurer sur place. Mais elle souligne également que d'autres facteurs, de nature sociodémographique et matérielle, influencent fortement les trajectoires migratoires. Les personnes restées à Mossoul étaient ainsi, en moyenne, 11 % plus souvent mariées, vivaient dans des ménages plus étendus et déclaraient une religiosité légèrement plus élevée, mesurée par la fréquence des prières À l'inverse, les individus ayant fui la ville étaient plus souvent issus de milieux relativement favorisés avant la prise de contrôle par les forces rebelles. Car deux contraintes majeures freinent la mobilité de ceux qui sont restés : la crainte d'une expropriation de leurs biens en cas de départ (pour 66 % d'entre eux) et la présence de membres de la famille ne pouvant aisément se déplacer, considérée comme un facteur décisif par 73 % des enquêtés. Ces résultats soulignent l'importance des contraintes domestiques et patrimoniales dans les décisions de rester ou partir sous occupation armée.

Dans une analyse récente, Frank van Tubergen, Irena Kogan, Yuliya Kosyakova et Steffen Pötzschke (2024) s'appuient sur une enquête menée auprès de 24 000 femmes ukrainiennes ayant fui l'invasion russe quelques mois après son déclenchement, qu'ils comparent à celles restées en Ukraine. L'étude met en lumière un ensemble de déterminants sociodémographiques, géographiques et économiques qui façonnent fortement les trajectoires migratoires en contexte de guerre. Les femmes demeurées dans leur pays présentent un profil nettement distinct de celui des femmes déplacées à l'intérieur du territoire ou réfugiées à l'étranger. Elles sont le plus souvent originaires de régions relativement épargnées par les combats, en particulier les zones occidentales ou centrales du pays. Sur le plan familial, les femmes mariées ou en couple sont davantage susceptibles de rester, de même que les jeunes mères âgées de 18 à 25 ans, dont les enfants en bas âge semblent constituer un frein important à la mobilité. Les femmes les plus âgées (plus de 55 ans) migrent moins, tout comme les plus jeunes, comparées à la tranche des 26-35 ans, qui apparaît comme la plus mobile. Les caractéristiques socio-économiques jouent également un rôle déterminant : les femmes restées sur place disposent en moyenne d'un niveau d'éducation plus faible, maîtrisent moins souvent l'anglais et disposent de ressources financières plus limitées. À l'inverse, celles qui ont quitté le pays, que ce soit dans le cadre d'un déplacement interne ou d'une migration internationale, présentent généralement des niveaux plus élevés de capital humain et économique, une situation familiale plus souple, et résident plus fréquemment dans des zones directement affectées par les violences. Ces contrastes rappellent que la fuite n'est ni un réflexe, un automatisme, ni une possibilité universelle : elle suppose des ressources, des compétences, une certaine autonomie, et l'absence de contraintes familiales trop lourdes.

Un point essentiel, mais encore peu souligné, émerge pourtant de la lecture croisée des travaux sur la migration en contexte de conflit, y compris des trois études évoquées précédemment. Il s'agit du fait que tous ne migrent pas, et que ceux qui partent présentent des caractéristiques différentes de ceux qui restent : ce sont souvent les individus les plus instruits, les plus qualifiés ou les mieux dotés en ressources économiques. Cette sélection migratoire engendre un déséquilibre profond dans les régions affectées par les conflits, un déséquilibre qui, comme l'ont montré Hannes Mueller, Lavinia Piemontese et Augustin Tapsoba (2017), ne se résorbe pas spontanément une fois les violences terminées. En effet, comme je l'ai évoqué plus haut, près de 20 % des déplacés ne retournent pas dans leur pays d'origine au cours de la première année suivant la fin des hostilités. Or, les travaux en sciences sociales suggèrent que ceux qui ne reviennent pas sont en général, parmi ceux qui ont migré, les plus qualifiés, les plus instruits, les plus autonomes. Ce phénomène, qui dépasse le seul cadre des migrations induites par la guerre, s'inscrit dans une dynamique plus large de fuite des cerveaux, aux conséquences profondes pour les zones de départ. La diminution du capital humain peut entraîner un ralentissement de l'adoption des technologies, une baisse de la croissance de la productivité, un affaiblissement des dynamiques démocratiques, ainsi qu'une perte d'acteurs stratégiques dans les secteurs clés tels que la santé ou l'éducation. À cela s'ajoutent des effets fiscaux délétères, notamment lorsque les départs concernent des individus dont la formation a été financée par l'État, et une réallocation sous-optimale des ressources éducatives vers des profils moins mobiles, et pour la plupart moins productifs. Dans un contexte de post-conflit, ces effets ne sont pas neutres. Ils risquent de freiner les dynamiques de reconstruction, de limiter les capacités institutionnelles locales, et de nourrir de nouvelles frustrations, susceptibles d'alimenter à leur tour des tensions sociales ou politiques. En d'autres termes, la fuite des cerveaux n'est pas seulement une perte pour le présent, elle peut aussi fragiliser l'avenir, en réactivant, à moyen terme, les conditions propices au retour de la violence. Il est donc impératif d'intégrer cette dimension dans la réflexion sur les politiques publiques de reconstruction, j'y reviendrai plus loin.

6

La guerre au cœur des chaînes de valeur

Autre acteur central de l'activité économique d'un pays, profondément affecté par les conflits armés : les entreprises. Longtemps négligée par la littérature académique, la compréhension des effets des conflits sur ces acteurs économiques connaît aujourd'hui un regain d'intérêt, rendu possible notamment par l'accès croissant à des données micro-économiques fines, y compris dans des contextes marqués par la violence armée. Cet intérêt renouvelé est d'autant plus justifié que, ces dernières décennies, une part croissante des conflits contemporains touche des économies de plus en plus complexes, caractérisées par des réseaux de production denses, dans lesquels les entreprises se trouvent en contact direct, voire physique avec la violence. Mais étudier les conséquences de la guerre sur les entreprises ne saurait se limiter à documenter des pertes économiques : il s'agit aussi de saisir l'imbrication parfois ambivalente des entreprises dans le conflit, de s'interroger sur les formes de collusion, de profit ou de survie qui peuvent contribuer à alimenter, à prolonger même les dynamiques de violence. Toutefois, parce que dans leur immense majorité les entreprises apparaissent comme des victimes, non des vecteurs du conflit, je commencerai par dresser un panorama des connaissances actuelles sur les effets délétères de la violence sur leur activité pour revenir plus en détail sur ce qu'on peut appeler les gagnants aux conflits. Il y a cinq grands mécanismes à observer pour comprendre comment les entreprises subissent les effets délétères de la violence armée : la perturbation de l'offre de travail, les difficultés d'accès aux intrants en amont, les coûts croissants liés à leur propre protection, les contraintes pesant sur leur implantation géographique, et enfin les incertitudes affectant leurs décisions d'investissement.

Un travail fondateur sur la manière dont les entreprises réagissent à la violence électorale est celui de Christopher Ksoll, Rocco Macchiavello et Ameet Morjaria (2023), qui s'appuie sur le cas des exportateurs de fleurs au Kenya lors des violences postélectorales de 2008. L'industrie floricole kenyane constitue un exemple particulièrement éclairant, car elle est l'un des principaux secteurs pourvoyeurs de devises étrangères, ressource essentielle pour la croissance économique des pays à faible revenu, et en tant qu'employeur majeur de femmes peu diplômées dans les zones rurales. Les violences ont entraîné un choc d'offre négatif massif : les exportations ont chuté de plus de 50 % par rapport à une situation sans conflit. Au-delà de cette ampleur quantitative, les auteurs identifient deux mécanismes essentiels. D'une part, l'absence de la moitié de la main-d'œuvre en moyenne au pic des violences a fortement affecté la production. D'autre part, les effets de la violence ont été très hétérogènes selon les entreprises. Celles disposant de relations contractuelles stables avec des partenaires étrangers ont subi des pertes moindres, tant en production qu'en absentéisme. Si leur exposition directe à la violence n'était pas nécessairement plus faible, ces entreprises avaient des incitations plus fortes à maintenir leur activité afin de préserver leur réputation sur les marchés internationaux. Elles ont ainsi mobilisé davantage de ressources pour retenir leurs salariés et limiter l'interruption de la chaîne de production. Francesco Amodio et Michele Di Maio (2017) quantifient l'ampleur des distorsions économiques induites par le conflit dans le contexte des territoires palestiniens occupés, Cisjordanie (y compris Jérusalem-Est) et bande de Gaza, durant la seconde Intifada, une période particulièrement violente s'étendant de 2000 à 2006. Bien que profondément affectée, l'activité économique ne s'est pas totalement interrompue, ce qui permettait aux auteurs d'analyser les ajustements opérés par les entreprises. Leur approche repose sur une comparaison, au sein d'un même secteur, des choix de production d'entreprises situées dans des districts connaissant des niveaux d'intensité du conflit différents. Le résultat principal de leur étude met en lumière que la distorsion la plus forte induite par la violence armée ne concerne ni le marché du travail ni celui du capital, mais bien l'accès aux marchés internationaux d'intrants. Confrontées à la hausse de l'incertitude et aux perturbations logistiques, les entreprises les plus exposées à la violence se détournent massivement des approvisionnements étrangers pour se replier sur des intrants produits localement. Cette incertitude, perçue à la fois en amont et en aval de la chaîne d'approvisionnement, se traduit non seulement par une désorganisation accrue des flux commerciaux, mais aussi par une élévation des coûts liés à l'assurance, au transport, et à la couverture du risque. Les fournisseurs internationaux, confrontés à la volatilité politique et aux difficultés logistiques dans les zones en conflit, répercutent ces risques dans leurs prix, rendant les intrants importés non seulement plus incertains mais également plus coûteux. Selon leurs estimations, les distorsions affectant l'accès aux intrants importés sont trois fois plus élevées que celles touchant les intrants domestiques. Cette vulnérabilité accrue à l'international se traduit par une désorganisation marquée des chaînes de production, une baisse de compétitivité, et une amplification des effets négatifs du conflit au-delà de la sphère strictement sécuritaire. Quantitativement, les auteurs estiment que la valeur ajoutée des entreprises affectées se contracte de près de 10 %, dont 70 % seraient imputables à ce mécanisme de réallocation des intrants.

L'une des décisions les plus structurantes pour les entreprises, et par ricochet pour la dynamique économique locale et nationale, consiste dans le choix de leur implantation. Non seulement ce choix conditionne l'activité de l'entreprise elle-même, mais il influence aussi le tissu local, tant en matière d'emploi que de débouchés pour les sociétés déjà en place. Dès lors, toute tentative d'estimation du coût des conflits armés à travers le prisme des entreprises doit impérativement intégrer les effets sur les décisions de localisation. Dans le contexte afghan, Sylvan Herskowitz et ses coauteurs (2024) s'attachent à quantifier l'effet des violences sur la présence, l'entrée et la sortie d'entreprises à un niveau géographique très désagrégé. Faute de données administratives exhaustives, leur analyse repose sur un jeu de données original fondé sur les enregistrements d'activité téléphonique professionnelle d'un des principaux opérateurs mobiles du pays. Ces données couvrent plus de 200 millions d'observations, pour plus de 2 000 sociétés, réparties sur 150 districts afghans de 2013 à 2016. Les résultats sont sans équivoque : les flambées de violence liées aux attaques des talibans induisent une contraction immédiate de la présence des entreprises dans les districts touchés, de l'ordre de 3 à 5 %. Cette baisse s'explique à la fois par une augmentation du risque de disparition des entreprises existantes, la probabilité qu'elles ferment leurs portes passant de 5 à 23 % dans le mois suivant l'incident, et par une diminution marquée des créations d'entreprises, dont la probabilité chute de 7 à 16 %. Une dimension particulièrement éclairante de leur analyse tient au fait que ces mouvements de sortie sont d'autant plus marqués lorsque les violences surviennent dans des provinces jusqu'alors perçues comme sûres. Cela suggère que le caractère inattendu de la violence agit comme un multiplicateur d'effet, les entreprises n'ayant pas anticipé une telle dégradation du climat sécuritaire réagissant de manière plus abrupte. À l'inverse, les entreprises opérant dans des environnements chroniquement instables tendent à intégrer une part d'aléa dans leurs dispositifs, atténuant ainsi l'impact immédiat d'un choc. Ce constat souligne que, bien au-delà du niveau absolu de violence, c'est sa soudaineté et sa surprise relative qui façonnent les comportements de désengagement économique. Dans le contexte colombien, marqué par une violence d'une nature bien différente de celle observée en Afghanistan, Adriana Camacho et

Catherine Rodriguez (2013) parviennent à des conclusions convergentes. Leur analyse met en évidence une dynamique de retrait des entreprises face à l'insécurité, mais révèle également une hétérogénéité marquée dans cette réaction. Ce sont en effet les entreprises les plus jeunes, faiblement capitalisées et employant un nombre réduit de salariés qui apparaissent comme les plus vulnérables aux chocs violents, et donc les plus enclines à se relocaliser. Autrement dit, la décision de quitter une région en proie à la violence ne dépend pas uniquement de l'intensité du conflit, mais aussi, de manière intrinsèque, des caractéristiques propres à l'entreprise et de sa capacité de résilience. Ces résultats rappellent que les effets économiques du conflit ne se répartissent pas uniformément sur le tissu productif : ils frappent plus durement les unités les plus fragiles, menaçant la diversité entrepreneuriale et la pérennité du tissu local.

Comme évoqué précédemment, une part croissante des conflits contemporains se déroule dans des économies de plus en plus complexes, structurées autour de réseaux de production denses, où l'interdépendance entre les entreprises est forte. Par ailleurs, nombre de ces conflits restent géographiquement circonscrits à certaines régions, tandis que d'autres zones du même pays demeurent relativement épargnées. Cette configuration soulève une question cruciale : dans quelle mesure les effets économiques de la violence se propagent-ils au-delà des zones directement affectées ? Autrement dit, peut-on véritablement appréhender le coût total du conflit pour les entreprises sans tenir compte de la structure des chaînes de valeur et des interdépendances entre les sociétés situées dans des zones de guerre et celles localisées dans des régions en paix ? C'est précisément la question que nous explorons dans un article récent avec Nathalie Monnet et Lavinia Piemontese (2024), en nous appuyant sur le cas du conflit maoïste en Inde entre 2000 et 2009. Grâce à des données permettant d'identifier finement la localisation des entreprises et d'estimer leurs liens au sein du réseau de production, nous sommes en mesure de mesurer l'effet de la violence à la fois sur les entreprises implantées dans les districts touchés par le conflit et sur celles situées dans des zones paisibles, mais économiquement connectées aux premières. Nos résultats montrent que les entreprises directement exposées à la violence maoïste réduisent significativement leur production et augmentent les prix de leurs biens. Ce renchérissement se répercute ensuite sur les entreprises clientes, y compris celles établies dans des districts non affectés par le conflit, qui voient leurs coûts d'approvisionnement augmenter. En intégrant ces effets indirects dans le calcul du coût économique du conflit, nous mettons en évidence que près des trois quarts de l'impact total proviennent de la propagation via les réseaux de production. En valeur, cela représente un coût annuel estimé entre 2 et 4 milliards de dollars. À l'inverse, une approche ne tenant compte que des entreprises directement affectées sous-estime considérablement l'ampleur des pertes. Ces résultats soulignent l'importance de considérer les effets en chaîne induits par les conflits pour éclairer la décision publique, notamment dans la conception de politiques de prévention ou de reconstruction.

Le panorama des effets des conflits sur les entreprises ne saurait être complet sans aborder la question de l'investissement, dimension fondamentale de l'activité économique, mais particulièrement difficile à mesurer. En effet, s'il est relativement aisé de comptabiliser les investissements effectivement réalisés, il est beaucoup plus complexe d'évaluer ceux qui ne le sont pas, et de comprendre les raisons à cela. Dans les zones marquées par la violence armée, cette difficulté prend une acuité particulière. Quelle aurait été la trajectoire d'investissement en l'absence de conflit ? Cette interrogation, à la fois cruciale et méthodologiquement délicate, renvoie à une question plus large : dans quelle mesure l'incertitude liée à la présence d'acteurs armés freine-t-elle les décisions d'investissement ?

C'est précisément à cette question que s'attaquent Nicolas de Roux et Luis Martinez (2021) dans un travail remarquable consacré au conflit colombien opposant l'État aux FARC. Conscients de l'impossibilité d'observer directement le « non-investissement », les auteurs adoptent une stratégie empirique originale : plutôt que d'évaluer l'impact de la violence en tant que telle, ils analysent la réaction des acteurs économiques à l'annonce de sa fin, en l'occurrence la démobilisation des FARC, en 2016, en se concentrant sur le secteur agricole. En comparant les dynamiques de crédit dans des municipalités plus ou moins exposées historiquement à la présence de la guérilla, ils montrent que l'annonce de la démobilisation s'est traduite par une hausse significative (environ 17 %) des demandes de prêts agricoles dans les zones anciennement contrôlées par les FARC. Ce sursaut de demande ne s'accompagne d'aucune modification notable des conditions d'offre (taux d'intérêt, taux d'acceptation), ce qui suggère une réponse endogène des producteurs à la perception d'une amélioration du climat sécuritaire. Fait notable, aucune augmentation comparable n'est observée durant la période de négociation précédant l'accord, ce qui souligne combien l'incertitude persistante suffit à inhiber les anticipations positives. L'effet est par ailleurs concentré dans les municipalités historiquement dominées par la guérilla mais proches des marchés ou des centres urbains, c'est-à-dire où existent de véritables débouchés économiques.

Ce résultat résonne fortement avec l'idée, développée plus haut, selon laquelle ce n'est pas seulement la violence effective mais l'anticipation de sa possible résurgence qui agit comme un puissant frein à l'activité économique. On le voit ici clairement : les conflits, même de faible intensité, désorganisent en profondeur l'activité des entreprises, perturbent les marchés du travail et altèrent durablement les dynamiques d'investissement.

7

À l'ombre des combats, les profits

« Derrière chaque grande fortune,
il y a un grand crime »
Honoré de Balzac

Si l'écrasante majorité des civils, des institutions publiques et des entreprises subissent les conséquences dévastatrices des conflits armés, certaines catégories d'acteurs en tirent profit. Cette réalité, bien que marginale en nombre, n'en est pas moins cruciale pour comprendre les dynamiques économiques à l'œuvre en temps de guerre. Encore faut-il distinguer deux figures de « gagnants » au conflit. D'un côté, ceux qui, par calcul stratégique, s'impliquent activement dans l'économie de guerre, orientant leurs choix d'investissement, de production ou d'alliance en fonction des occasions créées par la violence. Ce sont des acteurs intentionnels, parfois cyniques, dont le comportement relève de la collusion, du contournement ou même de l'exploitation directe du conflit. Dans l'imaginaire collectif, cette figure évoque des fortunes colossales construites à l'ombre des combats, sans égards pour la légalité ou la moralité des activités concernées. Même lorsque les gains sont tirés de circuits officiels, ils sont en général assimilables à des « profits de guerre » tant la frontière entre opportunisme économique et enrichissement disproportionné se brouille en période de chaos.

L'un de ces acteurs se distingue de manière évidente et emblématique : l'industrie de l'armement. Elle incarne, aux yeux de beaucoup, la figure même du gagnant structurel de la guerre. Qu'il s'agisse de conflit interétatique ou de guerre civile, toute situation de violence engendre mécaniquement une demande accrue en matériel militaire, que ce soit pour déclencher les hostilités, les soutenir ou s'en protéger. Selon les données du Stockholm International Peace Research Institute (SIPRI), les 100 plus grandes entreprises mondiales de production d'armement et de services militaires, dont 41 sont américaines, 26 européennes et 9 chinoises, ont enregistré un chiffre d'affaires cumulé de 631,9 milliards de dollars en 2023, contre 420,6 milliards en 2010. Pour donner un ordre de grandeur, et parce que les milliards finissent vite par perdre toute signification, disons que ces 631,9 milliards de dollars correspondent, à 10 milliards près, au PIB de la Belgique. Ce n'est pas rien, surtout si l'on considère que l'industrie en question ne fabrique ni chocolat ni bière... En l'espace de treize ans, cela représente une hausse de plus de 50 %, soit une augmentation de plus de 210 milliards de dollars. Cette croissance soutenue, bien qu'inégale selon les régions et les entreprises, reflète le dynamisme d'un secteur structuré sur la commande publique, des contrats d'exportation stratégiques et une demande mondiale alimentée par la prolifération des conflits et l'intensification des tensions géopolitiques. Il est important de souligner que l'évolution des ventes dans ce secteur reste étroitement conditionnée par les décisions des États. Le rôle de la puissance publique, dans l'attribution de marchés ou la reconstitution des stocks stratégiques, est central pour l'activité économique de ces entreprises.

La guerre en Ukraine illustre de manière particulièrement claire cette dynamique. Depuis le début de l'invasion russe, plusieurs responsables européens ont accusé les États-Unis de tirer un bénéfice économique substantiel du conflit. De fait, certaines grandes entreprises américaines de l'armement ont enregistré des résultats financiers remarquables. Le gouvernement américain a ainsi envoyé à l'Ukraine près de 6 500 missiles antichars Javelin, conçus notamment par Lockheed Martin et Raytheon, chaque missile coûtant environ 70 000 dollars, tandis que les lanceurs réutilisables s'élèvent à 100 000 dollars l'unité. Par ailleurs, Raytheon s'est vu attribuer un contrat de 625 millions de dollars pour reconstituer les stocks gouvernementaux, incluant l'envoi de 1 400 lance-missiles antiaériens Stinger. Cette dynamique ne concerne pas uniquement les États-Unis. Le Royaume-Uni a commandé à BAE Systems la reconstitution de ses stocks d'armes légères, après l'envoi de quelque 400 000 fusils d'assaut à l'Ukraine. De son côté, la France, via Thales, a contribué à la livraison de 5 000 unités du système d'armement antichar de nouvelle génération NLAW, chaque exemplaire coûtant environ 30 000 dollars. Dans tous ces cas, le conflit a généré une hausse soudaine et massive de la demande en armement, offrant aux entreprises du secteur des perspectives commerciales sans précédent, soutenues et structurées, dans tous les cas, par les décisions des gouvernements. Conséquence directe de cette mobilisation industrielle : la valorisation boursière des principaux groupes concernés a connu une envolée. Lockheed Martin, Thales et BAE Systems ont ainsi vu leurs actions progresser respectivement de 14 %, 35 % et 32 % sur la période. Derrière les discours de solidarité stratégique, les logiques économiques ne sont jamais très loin.

Dans un contexte de guerre interétatique, certains secteurs, au-delà de l'industrie militaro-industrielle au sens strict, bénéficient également, parfois de façon moins visible, des effets économiques du conflit. C'est notamment le cas du secteur de l'énergie. Lorsqu'un conflit implique des puissances exportatrices de pétrole ou de gaz, comme la Russie, les pays tiers sont contraints de réorienter leurs approvisionnements, ouvrant des perspectives à d'autres producteurs (États-Unis, Golfe, Afrique de l'Ouest) qui voient à la fois les prix s'envoler et leur part de marché croître. D'autres segments économiques plus périphériques, mais néanmoins stratégiques, enregistrent également des gains. L'industrie de la cybersécurité et des technologies numériques, par exemple, bénéficie de la montée des menaces hybrides et du recours croissant à la guerre informationnelle. Des entreprises spécialisées dans la sécurité informatique, l'intelligence artificielle ou la surveillance par satellite, à l'image de Palantir (dont la valeur boursière s'est accrue de plus de 1 400 % les cinq dernières années), ou SpaceX, d'Elon Musk, se positionnent en acteurs clés de la guerre du XXIe siècle. Dans le même esprit, les entreprises de sécurité privée responsables de la protection des infrastructures critiques ou de la logistique sur le terrain voient également leur activité s'intensifier. Ce processus s'étend au-delà du secteur du bâtiment et des travaux publics, sollicité pour la reconstruction des infrastructures civiles et militaires en aval du conflit. Dans un registre différent, les conflits génèrent des effets d'aubaine pour les producteurs agricoles situés hors des zones de guerre. Lorsqu'un conflit perturbe les exportations de pays stratégiques, comme celles des céréales de Russie ou d'Ukraine, les grands producteurs alternatifs (États-Unis, Canada, Argentine, Australie) en tirent un double bénéfice : des prix mondiaux orientés à la hausse et une demande accrue sur les marchés internationaux. Enfin, des secteurs moins visibles tels que la finance spécialisée et l'assurance ne sont pas en reste. Certains fonds spéculatifs parient sur les fluctuations induites par les conflits (matières premières, dettes souveraines), tandis que des compagnies d'assurance proposent des produits spécifiques pour couvrir les risques liés à l'instabilité géopolitique.

Ces faits ne sont pas nouveaux. Deux travaux de recherche, ceux de Joerg Baten et Rainer Schulz (2005), pour l'Allemagne, et d'Anthony Arnold (2014), pour le Royaume-Uni, permettent d'identifier les gains sectoriels engendrés par la Première Guerre mondiale. En mobilisant une nouvelle base de données d'entreprises, Joerg Baten et Rainer Schulz rejettent l'hypothèse d'un enrichissement généralisé des firmes allemandes durant le conflit. Ils mettent au contraire en lumière une réalité beaucoup plus contrastée : la redistribution des profits fut concentrée, limitée à une minorité d'entreprises directement intégrées à l'effort de guerre. Dans l'ensemble, la période se caractérise par un déclin généralisé des profits et des salaires réels, évoluant de manière parallèle dans la plupart des secteurs. Seules

les industries directement liées à la production militaire échappent à cette dynamique. Les entreprises de métallurgie et de machinerie, au cœur de la fabrication d'armes et d'équipements, ont vu leurs profits réels augmenter de plus de 120 % par rapport à leur niveau d'avant-guerre. L'industrie chimique, également étroitement impliquée dans l'effort militaire, notamment pour la production d'explosifs ou de gaz, a enregistré une progression encore plus marquée, dépassant les 170 %. En marge de ce noyau industriel, certains signes suggèrent que le secteur agricole a relativement bien résisté aux turbulences économiques. La persistance de prix élevés des denrées alimentaires au marché noir aurait permis à certains agriculteurs de tirer profit de la situation, comme en témoignent, de manière indirecte, la baisse des ventes forcées de fermes et la diminution des dettes hypothécaires. Dans une perspective complémentaire, Anthony Arnold (2014) analyse le cas britannique en s'intéressant à la manière dont les profits industriels furent progressivement politisés. Au début du conflit, le gouvernement britannique adopte une posture visant à préserver une certaine continuité économique. Mais cette approche devient rapidement intenable, à mesure que les bénéfices industriels s'envolent quand les finances publiques peinent à suivre le rythme de l'effort militaire. Sous la pression de l'opinion publique et face à l'ampleur des déséquilibres, le Royaume-Uni bascule progressivement vers une économie de guerre pleinement assumée. Les données de l'époque sont sans appel : les rendements avant impôt sur les capitaux propres ont doublé entre 1915 et 1918 par rapport à la période 1910-1914 et, même après imposition, les bénéfices des années de guerre demeurent environ 50 % supérieurs à ceux d'avant-guerre. Certains secteurs enregistrent des gains spectaculaires : les entreprises de transport maritime voient leur rentabilité multipliée par plus de trois, tandis que les industries du charbon, du fer et de l'acier voient leurs rendements s'élever à 2,5 fois leur niveau d'avant-guerre. Il illustre également son propos à travers le cas emblématique de la société Spillers and Bakers Ltd., un fabricant de farine basé à Cardiff, dont les bénéfices sont passés de 89 400 livres en 1914 à 367 900 livres en 1915. Cette explosion des marges, survenue alors que le prix du pain augmentait de 50 %, suscita une vive indignation au sein des classes populaires. Cela révèle à quel point les profits de guerre peuvent cristalliser des tensions sociales majeures lorsqu'ils s'inscrivent en contraste brutal avec les sacrifices imposés à l'ensemble de la population. Ce tableau nuancé rappelle que les conflits, loin de produire des effets économiques linéaires, opèrent une reconfiguration sélective des rapports de profit, souvent au bénéfice de secteurs étroitement liés aux logiques militaires et aux désordres qu'elles entraînent.

Mais à côté de ces gagnants plutôt assumés, il en existe une autre catégorie : ceux que l'on pourrait qualifier d'involontaires, ou de circonstance. Il ne s'agit pas d'acteurs mus par la volonté de tirer avantage de la guerre, mais plutôt de ceux qui, par un concours de circonstances, se trouvent au bon endroit au bon moment. Une entreprise implantée dans une région soudainement vidée de ses concurrents, une activité qui prospère du fait de la désorganisation des chaînes d'approvisionnement classiques, un secteur qui répond à un besoin né du conflit, autant d'exemples où le gain économique découle moins d'un choix stratégique que d'un aléa historique. Cette distinction entre les gagnants intentionnels et les gagnants fortuits est essentielle pour éviter les amalgames et mieux comprendre la diversité des trajectoires économiques en contexte de guerre.

Dans le contexte de l'insurrection maoïste en Inde, nous illustrons, avec Nathalie Monnet et Lavinia Piemontese (2024), la notion de gagnants involontaires. Nos travaux montrent de manière claire que les entreprises situées dans des districts épargnés par la violence, mais en concurrence avec des sociétés établies dans des zones affectées, ont tendance à accroître leurs parts de marché, leurs ventes et leurs profits. Cet effet est d'autant plus marqué que ces entreprises sont spécialisées dans la production de biens où les concurrents directs sont rares ou les substituts peu fréquents ou difficilement accessibles. D'un point de vue quantitatif, nous mettons en évidence qu'une augmentation de 10 % du nombre de concurrents exposés à la violence, c'est-à-dire dont l'activité se poursuit mais à des coûts de production plus élevés, conduit à une hausse de 5 à 10 % des parts de marché des entreprises similaires situées en zone pacifiée. Ainsi, même dans le cas d'un conflit de faible intensité, les surcoûts engendrés par la violence pour les entreprises exposées se traduisent par une redistribution des parts de marché en faveur de leurs concurrentes situées dans des régions épargnées. Des résultats similaires ont été mis en évidence par Vasily Korovkin et Alexey Makarin (2022) dans le contexte de la première phase du conflit russo-ukrainien déclenché en 2014. L'annexion de la Crimée, région qui représentait environ 17 % du PIB ukrainien, a constitué un choc majeur pour l'économie nationale. Certaines entreprises non directement touchées par les combats ont vu leurs concurrents exposés soit disparaître du marché, soit faire face à des hausses substantielles de leurs coûts de production. Ce repositionnement forcé a mécaniquement renforcé leur importance dans les chaînes de valeur ukrainiennes. En termes d'économie des réseaux, ces entreprises ont accru leur « centralité » au sein du système productif, ce qui s'est traduit par une augmentation de leurs ventes et de leurs profits, de l'ordre de 10 à 15 % pour un écart-type de hausse de leur centralité. Ces deux exemples illustrent parfaitement comment un conflit armé, par ses effets de redistribution des pouvoirs de marché, peut engendrer des gagnants économiques involontaires, non pas parce qu'ils recherchent activement à profiter de la guerre, mais parce que la rétraction de certains acteurs crée mécaniquement des chances pour d'autres.

Les exemples de gagnants évoqués s'inscrivent pour l'essentiel dans le cadre de conflits entre États. Dans le cas d'une guerre civile, la configuration des gagnants économiques diffère sensiblement de celle observée lors d'un conflit interétatique. Le caractère fragmenté, prolongé et souvent informel de la guerre civile favorise l'émergence d'acteurs économiques ancrés localement, parfois en marge des circuits institutionnels classiques. Les premiers bénéficiaires sont souvent les groupes armés eux-mêmes, qui, en contrôlant des portions de territoire, des ressources naturelles ou des points de passage stratégiques, captent des rentes issues de la prédation, de la taxation ou du commerce illicite. L'économie de guerre devient alors un système à part entière, adosssé à des intérêts locaux, des loyautés armées et des réseaux informels, dans lequel émergent parfois de véritables entrepreneurs de la violence. Certaines entreprises locales, notamment dans la logistique, le transport ou la distribution, parviennent à se maintenir, voire à prospérer à condition de composer avec les rapports de force en place. En périphérie des zones de combat, d'autres entreprises bénéficient indirectement du conflit, comme j'ai pu l'exposer dans le cas indien. Enfin, dans un environnement partiellement internationalisé, certaines organisations humanitaires, entreprises de reconstruction ou sociétés de sécurité privée peuvent, elles aussi, voir leur activité croître, portées par les financements extérieurs mobilisés pour stabiliser ou contenir le conflit. Ainsi, à rebours de l'image d'une économie totalement sinistrée, la guerre civile engendre aussi ses gagnants, souvent discrets, rarement légitimes, mais révélateurs de la manière dont la violence redessine les équilibres économiques à l'échelle locale.

Dans un travail publié en 2007, Massimo Guidolin et Eliana La Ferrara proposent une lecture éclairante des liens qui peuvent exister entre les conflits et les entreprises. Ils se concentrent sur le cas de la guerre civile angolaise et plus spécifiquement sur l'industrie du diamant, secteur emblématique à la fois par son exposition directe au conflit et par son rôle dans le financement de la guerre. Le 22 février 2002, Jonas Savimbi, leader de la rébellion, meurt, ce qui marque *de facto* la fin du conflit, et permet une évaluation de la réaction des marchés financiers à la perspective d'un retour à la paix. Le résultat principal de l'étude est contre-intuitif : la fin du conflit est interprétée négativement par les investisseurs internationaux pour les entreprises actives en Angola. Le portefeuille d'actions constitué de firmes opérant dans le secteur du diamant dans ce pays enregistre, le jour de l'événement, une baisse anormale de 4 %, tandis que l'écart de performance avec un portefeuille de contrôle (composé d'entreprises similaires sans exposition à l'Angola) atteint – 7 %. Autrement dit, la paix est perçue comme une mauvaise nouvelle pour ces entreprises, ce qui suggère que, malgré les coûts opérationnels élevés dus à la guerre, les bénéfices générés en période de conflit, du point de vue des marchés, étaient suffisants pour compenser, voire dépasser ces désavantages. Ils avancent plusieurs interprétations à cette incohérence apparente. Pendant le conflit, l'incertitude et la violence créaient des barrières à l'entrée qui protégeaient les acteurs déjà implantés ; les autorités angolaises, affaiblies par la guerre, disposaient d'un pouvoir de négociation limité, ce qui réduisait les coûts de licence pour les firmes étrangères ; enfin, le faible niveau de transparence institutionnelle autorisait des marges de manœuvre importantes dans les pratiques commerciales, y compris informelles. Ainsi le conflit a-t-il, pour certaines entreprises bien positionnées, créé un environnement profitable précisément parce qu'il était instable et opaque.

Cet article emblématique de la littérature économique sur les conflits souligne toute l'ambivalence qui entoure la notion de gagnant en contexte de guerre civile. Certaines entreprises tirent profit du conflit parce qu'elles y sont structurellement liées, leur activité dépendant directement de la guerre même, à commencer par celles de l'industrie de l'armement. D'autres en bénéficient de manière fortuite, en tirant parti, par exemple, de la disparition de concurrents, de la désorganisation des chaînes d'approvisionnement ou du redéploiement de la demande. Mais une troisième catégorie mérite une attention particulière : celle des entreprises qui, souvent dans la plus grande discrétion, pour l'écrasante majorité en toute illégalité, établissent des liens avec des groupes armés avec pour but explicite de préserver leur activité productive. Ces entreprises ne se contentent pas de survivre à la guerre ; elles en intègrent les contraintes comme paramètres stratégiques, et parfois elles en tirent avantage.

L'un des cas les plus tristement célèbres est celui de Lafarge en Syrie. Entre 2013 et 2014, alors que la guerre s'intensifie et que le nord du pays tombe aux mains de groupes armés, la filiale locale du cimentier français est accusée d'avoir versé plusieurs millions d'euros à diverses factions, y compris à l'organisation État islamique, pour maintenir en activité sa cimenterie de Jalabiya, située au cœur d'une zone instable. Les enquêtes ont révélé que ces paiements servaient à garantir la circulation du personnel, l'approvisionnement en matières premières et la sécurité du site industriel. En 2022, Lafarge a plaidé coupable devant la justice américaine pour avoir sciemment financé une organisation terroriste, une première à cette échelle pour une entreprise multinationale. Ce cas emblématique illustre de façon saisissante jusqu'où certaines entreprises peuvent aller pour protéger leurs actifs, quitte à entretenir la guerre.

Mais Lafarge n'est pas un cas isolé. En République démocratique du Congo, plusieurs compagnies minières, Anvil Mining, Banro, OM Group, entre autres, ont été accusées d'avoir noué des arrangements informels avec des groupes armés pour sécuriser leurs sites d'exploitation dans les régions du Kivu, de l'Ituri ou du Katanga. Paiement de redevances illégales, taxes informelles, contrats de protection : autant de mécanismes permettant de continuer à extraire or, coltan ou cassitérite dans des zones en proie à une violence chronique. Des entreprises en apparence éloignées du conflit, comme Apple ou Intel, ont également été mises en cause pour leur dépendance à des chaînes d'approvisionnement impliquant des « minerais du conflit ». Le commerce des diamants en Sierra Leone, dans les années 1990, offre une autre illustration de ce phénomène. Le groupe armé RUF (Revolutionary United Front) a abondamment financé ses opérations grâce à l'extraction et à la vente de diamants, via des réseaux commerciaux informels souvent tolérés voire soutenus par des négociants internationaux. De grandes entreprises comme De Beers ont nié tout achat direct de diamants issus de zones en guerre, mais leur système d'approvisionnement opaque a facilité l'écoulement de ces pierres sur les marchés mondiaux. Des négociants libanais ou européens ont ainsi échangé diamants contre devises ou équipements, contribuant directement à l'économie de guerre. Ces pratiques ont finalement conduit à la mise en place du processus de Kimberley, destiné à freiner le commerce des diamants de conflit, une initiative sur laquelle nous reviendrons. Le jade birman, quant à lui, rappelle que d'autres ressources précieuses alimentent des dynamiques similaires. Dans l'État Kachin, au nord du Myanmar, l'extraction du jade constitue depuis des décennies une source centrale de financement pour des groupes armés locaux et des milices affiliées à l'armée. Des entreprises chinoises et thaïlandaises ont entretenu des relations commerciales avec ces acteurs en échange d'un accès sécurisé aux concessions. Ce système, fondé sur des pratiques troubles, a non seulement permis le maintien d'une activité économique rentable, mais aussi contribué à la pérennisation de la violence et au renforcement d'une gouvernance parallèle militarisée. Ici encore, les entreprises ne sont pas de simples opérateurs économiques, mais bien des acteurs à part entière de l'équilibre politique local. Dans un registre plus discret, mais non moins révélateur, la crise politico-militaire ivoirienne (2002-2011) a vu émerger des formes similaires d'arrangements. La Côte d'Ivoire était alors divisée entre un Sud tenu par le gouvernement et un Nord contrôlé par les Forces nouvelles. Le secteur du cacao, colonne vertébrale de l'économie du pays, a continué à fonctionner des deux côtés de la ligne de front. Des multinationales comme Cargill, Barry Callebaut ou ADM ont maintenu leurs achats de fèves en provenance du Nord, parfois via des circuits alternatifs, alimentant indirectement les ressources de la rébellion. Les taxes perçues sur les exportations de cacao ont ainsi permis aux Forces nouvelles de financer leur administration parallèle. Ce commerce, légal sur le plan strictement commercial, a néanmoins contribué à la viabilité économique dans un territoire en sécession, prolongeant *de facto* la division du pays. Enfin, le Soudan offre un exemple particulièrement frappant du rôle que peuvent jouer les ressources énergétiques dans la militarisation d'un espace économique. Durant la seconde guerre civile (1983-2005), les champs pétroliers du Sud ont représenté un enjeu stratégique crucial. Des compagnies étrangères, comme la China National Petroleum Corporation (CNPC), Petronas ou Lundin Petroleum, ont continué à exploiter ces zones, bénéficiant de la protection de milices progouvernementales souvent responsables de violences graves contre les civils. Le pétrole est ainsi devenu non seulement une ressource à sécuriser, mais aussi un facteur de polarisation et de radicalisation du conflit, tout en générant des rentes colossales pour les entreprises et les élites au pouvoir.

Ces cas rappellent avec force que certaines entreprises ne se contentent pas de survivre à la guerre : elles s'y insèrent, la structurent, parfois la nourrissent. Derrière le mythe de l'entreprise neutre opérant dans un environnement difficile, se dessine une réalité plus sombre, celle d'acteurs économiques capables de pactiser avec la violence pour préserver, voire consolider leur position. Cela soulève des questions fondamentales, non seulement sur les responsabilités juridiques, mais aussi sur les limites éthiques de l'action économique en temps de guerre.

Si ici je me cantonne à une orientation économique pour discuter des gagnants, tous les bénéfices issus des conflits ne se mesurent pas strictement en ces termes. La guerre peut également produire des gagnants politiques ou symboliques, dont l'ascension repose sur les recompositions du pouvoir qu'autorise un contexte de violence. Dans de nombreux cas, les conflits servent de levier aux régimes autoritaires pour conforter leur emprise sur les institutions et les populations. La rhétorique de la menace, l'état d'urgence et l'invocation de l'unité nationale permettent de renforcer l'exécutif, de restreindre les libertés civiles et de neutraliser toute opposition. Ainsi, en Russie, la seconde guerre de Tchétchénie a contribué à asseoir l'autorité de Vladimir Poutine à ses débuts, en construisant sa légitimité sur le rétablissement de l'ordre et la lutte contre le terrorisme. En Turquie, la reprise du conflit avec le PKK à partir de 2015 a été suivie d'une recentralisation autoritaire du pouvoir, facilitée par la désignation d'ennemis intérieurs et par l'érosion des contre-pouvoirs démocratiques. Les conflits permettent aussi de marginaliser certaines minorités ou oppositions. En Syrie, le régime de Bachar el-Assad a instrumentalisé la guerre pour discréditer toute contestation, en assimilant l'ensemble des opposants à des terroristes. La violence devient ici un outil de délégitimation, qui permet de réécrire les rapports de force internes et de redéfinir les contours d'une citoyenneté tolérable. Dans le champ social et religieux, les conflits offrent également à certains groupes d'accroître leur pouvoir symbolique. Pendant la guerre civile en Centrafrique, des groupes d'autodéfense à base communautaire, comme les milices anti-balaka, ont pu apparaître localement comme des « protecteurs » de populations abandonnées par l'État, bénéficiant ainsi d'une forme de légitimation populaire. De même, au Mali ou au Nigeria, certains prédicateurs ou chefs religieux ont accru leur influence sociale en se posant en médiateurs ou en fournisseurs de services alternatifs à l'État, dans un contexte d'effondrement de l'autorité publique. Dans tous ces cas, la guerre ne redistribue pas seulement les ressources matérielles, mais aussi les positions d'autorité, les récits de légitimité et les hiérarchies sociales. Les vainqueurs ne sont pas toujours ceux qui gagnent militairement ou économiquement, mais parfois ceux qui parviennent à convertir la violence en capital symbolique ou institutionnel durable.

CHAPITRE III

Des politiques publiques pour la paix : entre prévention, intervention et reconstruction

S'il en était encore besoin, le chapitre consacré aux coûts de la violence a rappelé l'impérieuse nécessité de concevoir des politiques à même de prévenir les conflits, d'intervenir lorsqu'ils éclatent afin d'en réduire la durée et l'intensité, mais aussi d'accompagner efficacement la sortie de la guerre. Loin de prétendre à l'exhaustivité, l'examen proposé ici entend offrir un panorama aussi rigoureux que possible des réussites, des limites, et parfois des échecs de ces politiques, à la lumière des enseignements de la recherche académique.

1

La médiation dans les conflits armés : entre promesse de paix et réalités complexes

La médiation constitue un mode spécifique de gestion des conflits, dans lequel les parties en litige sollicitent l'intervention d'un tiers, qu'il s'agisse d'un individu, d'un groupe, d'un État ou d'une organisation, afin de les accompagner dans la résolution de leur différend. Le rôle du médiateur prend des formes diverses : il peut se limiter à faciliter l'échange d'informations et à garantir que chacun dispose des éléments nécessaires à la négociation ; il peut aussi adopter une posture plus active, en formulant des propositions ou en élaborant des compromis ; ou encore chercher à infléchir les positions des parties en mobilisant son pouvoir d'influence, ses ressources, ou son autorité, par le biais de pressions ou d'incitations. Ces rôles ne sont pas exclusifs : un médiateur évolue au fil du processus, adaptant sa posture à la dynamique du conflit et à la réceptivité des parties. Mais, quelle que soit sa stratégie, un point demeure fondamental : pour être acceptée, la médiation suppose que le médiateur soit perçu comme crédible, impartial ou légitime. Sans cette reconnaissance minimale, aucun processus de négociation ne s'enclenche durablement.

Alors, quels sont les effets de la médiation ? Comme souvent dans ce livre, la réponse demande à être nuancée : les échecs abondent, les impasses sont fréquentes, mais certaines réussites méritent d'être saluées. C'est par l'une des plus emblématiques d'entre elles que je voudrais commencer. À la fin des années 1970, un différend territorial oppose l'Argentine et le Chili au sujet des îles situées au sud du canal de Beagle. Après avoir rejeté une sentence arbitrale favorable au Chili, la junte militaire argentine lance, en décembre 1978, l'opération Soberanía pour s'emparer des territoires contestés. Le risque d'une guerre entre les deux pays est alors imminent. Face à cette escalade, le pape Jean-Paul II intervient personnellement. Il dépêche sur place son envoyé spécial, le cardinal Antonio Samorè, chargé d'ouvrir une voie de désescalade. L'Argentine, pays à majorité catholique, accepte l'autorité du Saint-Siège et renonce à son opération militaire. Une première étape décisive est franchie le 8 janvier 1979, lorsque les deux États s'engagent formellement à résoudre leur différend par la médiation pontificale et à renoncer à l'usage de la force. Mais cette médiation ne sera pas un long fleuve tranquille. Entre 1981 et 1983, le processus est freiné par le blocage argentin, notamment après le rejet d'une première proposition du Vatican. La guerre des Malouines vient encore compliquer la situation. C'est probablement le retour de la démocratie en Argentine, avec l'élection de Raúl Ricardo Alfonsín, qui marque le véritable tournant. Ce nouveau contexte politique relance les négociations et ouvre la voie à un compromis. Après de longs mois de discussions, les deux pays parviennent en octobre 1984 à un accord global, donnant naissance au traité de Paix et d'Amitié, ratifié par les parlements des deux pays en 1985. Le conflit est alors officiellement clos. Le rôle du cardinal Samorè dans cette issue pacifique est largement reconnu : un passage frontalier entre l'Argentine et le Chili porte aujourd'hui son nom. Trente ans plus tard, en 2009, les présidentes Michelle Bachelet et Cristina Fernández de Kirchner rendront hommage à cette médiation historique, aux côtés du pape Benoît XVI. Au milieu des années 1990, dans la sous-région du bassin du fleuve Mano, en Afrique de l'Ouest, des guerres civiles en série déchirent le Libéria, la Sierra Leone et la Côte d'Ivoire. Même si la médiation ne mettra pas fin immédiatement à la totalité des terribles violences auxquelles font face les pays, en 2002 les membres du Conseil de sécurité de l'ONU saluent l'importance du roi du Maroc, Mohammed VI, qui a initié à Rabat en février de la même année un processus de médiation afin de ramener la paix dans la région. Le sommet des chefs d'État des trois pays s'était achevé, fin février, par la signature d'un accord visant à « promouvoir la paix, l'entente et le bon voisinage » dans ces trois pays riverains du fleuve Mano. Un autre exemple souvent cité est celui de l'action de la communauté catholique romaine de Sant'Egidio lors de la guerre civile au Mozambique, à la fin des années 1980 et au début des années 1990. Après vingt-sept mois de négociations menées avec le Front de libération du Mozambique (FRELIMO), d'obédience communiste, et la Résistance nationale du Mozambique (RENAMO), la communauté parvient à faire signer un accord de paix le 4 octobre 1992. Son approche novatrice a été saluée par le secrétaire général de l'ONU d'alors, Boutros Boutros-Ghali. Elle reposait sur un subtil équilibre entre discrétion, présence prolongée sur le terrain, gage de crédibilité et de confiance, recours à la diplomatie officielle, et mobilisation d'organisations internationales comme d'acteurs non gouvernementaux. Cette méthode a donné naissance à ce que l'on a appelé « la formule italienne ».

Ces initiatives couronnées de succès ne doivent pas occulter celles qui, malheureusement, n'ont pas produit les effets escomptés. L'actualité récente en offre un triste reflet. Comme nous l'avons déjà vu, l'est de la République démocratique du Congo est, depuis le début des années 1990, le théâtre de violences d'une intensité exceptionnelle, dont l'ampleur fluctue au gré des discussions, des accords… et des désaccords. Face à la détérioration marquée de la situation au Nord-Kivu à la fin de l'année 2021, avec la résurgence du Mouvement du 23 mars (M23), soutenu par Kigali, et la montée des tensions entre la RDC et le Rwanda, un processus de médiation est lancé à Luanda, sous l'égide de l'Angola. Malgré la signature de plusieurs accords entre les deux États et diverses organisations régionales, la majorité d'entre eux seront rejetés par le M23. En début d'année 2025, l'Angola annonce mettre fin à sa mission de médiation, invoquant l'accumulation des échecs qui ont jalonné ses efforts. La guerre civile au Soudan, déclenchée en 2023 entre les Forces armées soudanaises (FAS), dirigées par le général Al-Bourhane, et les Forces de soutien rapide (FSR), milice paramilitaire indépendante dirigée par le général Mohamed Hamdan Daglo, fournit un autre exemple d'échec répété des tentatives de médiation. Car c'est peut-être dans le pluriel que réside une partie du problème : les médiations, nombreuses, fragmentées et concurrentes, se sont multipliées depuis 2023, portées par des acteurs aussi divers que l'Arabie saoudite et les États-Unis, qui ont tenté d'imposer un cessez-le-feu pour faciliter l'acheminement de l'aide humanitaire, l'Autorité intergouvernementale pour le développement (IGAD), qui regroupe plusieurs pays d'Afrique de l'Est (Kenya, Éthiopie, Somalie, Ouganda, Djibouti…), ou avec des initiatives plus ponctuelles des pays voisins du Soudan. Autant d'efforts qui, en se superposant, ont contribué à brouiller le jeu diplomatique sans pour autant enrayer la dynamique du conflit.

Que nous apprennent les travaux académiques en économie ? Dans un travail de synthèse récent, Dominic Rohner (2024) passe en revue les contributions des sciences sociales sur la question de la médiation dans les conflits armés. Il souligne que, malgré l'importance du sujet, peu de recherches en économie s'y sont véritablement attaquées. Cette relative rareté s'explique par la difficulté structurelle à obtenir des informations précises et exhaustives sur les initiatives de médiation : leur nature, leur dynamique, mais surtout leur temporalité. Nombre de processus de médiation exigent en effet un haut degré de discrétion, comme l'illustrent plusieurs cas emblématiques, ce qui rend leur observation systématique difficile. En l'absence de données fiables et complètes, toute tentative d'analyse empirique rigoureuse devient un exercice périlleux, incertain, souvent voué à l'échec. Cela étant, les travaux existants apportent des réponses contrastées sur l'efficacité de la médiation. D'un côté, plusieurs études empiriques montrent que la médiation peut accroître la probabilité de parvenir à un accord de paix, en particulier lorsqu'elle permet de réduire les asymétries d'information entre les parties en conflit. De l'autre, même lorsque la médiation offre une possibilité de mettre fin aux hostilités, sa capacité à garantir une stabilité durable est plus incertaine : dans de nombreux cas, les chercheurs observent une reprise des violences peu de temps après la signature des accords.

L'un des aspects abordés dans cette littérature concerne la manière dont la médiation est conduite. Ainsi, il semble qu'en moyenne les médiations qui se limitent à faciliter le partage d'informations et à garantir que chacun dispose des éléments nécessaires à la négociation soient plus efficaces pour réduire les tensions. À l'inverse, les médiations plus « agressives », en ce sens qu'elles exercent des pressions plus fortes, par différents canaux, ou qu'elles développent des incitations (selon une logique diplomatique de la carotte et du bâton), apparaissent souvent comme plus efficaces pour arracher des accords. Ce type de stratégie, qui semble produire les résultats les plus convaincants et parfois les plus durables, n'en demeure pas moins plus risqué : on évolue alors sur une sorte de corde raide, tant une pression trop marquée peut, au contraire, braquer l'une des parties et produire des effets contre-productifs. Enfin, un des derniers enseignements récurrents de la littérature académique concerne la neutralité du médiateur. Alors que le bon sens conduirait à privilégier des acteurs neutres pour mener les négociations, certains travaux montrent qu'un médiateur perçu comme « biaisé », en particulier lorsqu'il est proche du gouvernement en place, peut parfois obtenir des résultats plus solides, précisément en raison de la crédibilité qu'il détient auprès de certaines parties. En définitive, l'efficacité de la médiation semble moins dépendre de règles générales que de l'adéquation entre les instruments mobilisés, le positionnement du médiateur, le degré de confiance qu'il inspire, et la nature même du conflit qu'il s'agit de résoudre.

2

De la tribune au terrain : le poids des mots dans les conflits

« Aujourd'hui, je suis venu porteur
d'un rameau d'olivier
et d'un fusil de combattant de la liberté.
Ne laissez pas le rameau d'olivier
tomber de ma main.
Je le répète : ne le laissez pas
tomber de ma main. »

Yasser Arafat,
13 novembre 1974

Le 10 juin 1963, depuis l'American University, à Washington, le président John F. Kennedy prononce un discours considéré par beaucoup comme un moment décisif de la guerre froide, marquée par de fortes tensions depuis le début de la décennie, notamment lors de la crise des missiles de Cuba. Ce discours est animé par la volonté de proposer une nouvelle vision de la paix, incarnée par cette déclaration : « Quel genre de paix ai-je en tête ? Quelle paix recherchons-nous ? Ce n'est pas une *Pax Americana* imposée au monde par les armes de guerre américaines. Ce n'est pas la paix du tombeau ni la sécurité de l'esclave. Je parle d'une paix véritable, une paix qui donne un sens à la vie sur terre, qui permet aux hommes et aux nations de grandir, d'espérer et de construire un avenir meilleur pour leurs enfants. Une paix non seulement pour les Américains, mais pour tous les hommes et toutes les femmes. Non seulement une paix pour notre époque, mais une paix pour tous les temps. » À cette occasion, Kennedy promeut la notion de « course à la paix » en lieu et place de la course aux armements, appelant à bâtir la paix par la coopération scientifique, la maîtrise des armements et les échanges culturels. Quelques semaines plus tard, Nikita Khrouchtchev, qui y perçoit un véritable signal d'ouverture, accepte de participer aux négociations sur les essais nucléaires, débouchant sur la signature du Traité d'interdiction partielle des essais nucléaires, le 5 août 1963. Mais au-delà dudit accord, ce discours illustre la capacité d'une parole politique à précéder et favoriser un changement diplomatique concret, en ouvrant des canaux de communication et en modifiant les perceptions de l'adversaire. Le 13 novembre 1974, le leader palestinien Yasser Arafat s'exprime devant l'Assemblée générale des Nations unies, une première pour un représentant de l'Organisation de libération de la Palestine (OLP). Dans un discours devenu historique, Arafat alterne appels à la paix et menaces de lutte armée, célèbre le droit des Palestiniens à l'autodétermination, et présente la cause palestinienne comme une lutte contre le colonialisme. Riche en symboles, son intervention est restée célèbre par la formule mentionnée en préambule de ce chapitre. Le discours produit des effets immédiats, avec l'adoption quelques jours plus tard, le 22 novembre, d'une résolution de l'ONU affirmant le droit du peuple palestinien à l'autodétermination, à l'indépendance et à la souveraineté, et conférant à l'OLP un statut d'observateur permanent. Il inscrit également la voie diplomatique multilatérale dans les instruments de résolution du conflit israélo-palestinien, tout en maintenant la lutte armée comme composante stratégique, non plus seulement tactique, mais aussi désormais élément du langage diplomatique. Avec une approche différente, moins liée à un conflit spécifique et plus largement tournée vers la réconciliation internationale, le 4 juin 2009, à l'université du Caire, Barack Obama prononce un discours fondateur appelant à « un nouveau départ » entre les États-Unis et le monde musulman. En mobilisant un langage de respect, de justice et de dignité partagée, il plaide pour une paix fondée sur la compréhension mutuelle plutôt que sur l'antagonisme. S'appuyant sur des références religieuses et historiques communes, il cherche à désamorcer les logiques d'opposition héritées de l'après-11 Septembre. Ce discours marque un tournant symbolique dans la diplomatie américaine, même si ses effets concrets à long terme demeurent limités.

Comme en attestent plusieurs exemples historiques, les discours publics de leaders politiques, religieux ou culturels occupent une place singulière dans les dynamiques de sortie de conflit. Ils peuvent constituer des instruments puissants, et peu coûteux de construction de la paix. En effet, par leur capacité à capter l'attention, à mobiliser les émotions collectives et à fixer un horizon normatif, ces prises de parole peuvent favoriser la reconnaissance mutuelle, ouvrir des espaces de dialogue, susciter des engagements collectifs et légitimer de nouveaux cadres d'action pacifique. Au-delà de leur portée symbolique, ils aident à redéfinir les rapports de force et les récits collectifs, contribuant ainsi à réintégrer le politique dans une logique de désescalade et de réconciliation.

La littérature académique en économie a déjà souligné depuis une vingtaine d'années que les informations transmises par des figures d'influence sont susceptibles de modifier durablement et en profondeur comportements et normes sociales. Dans un travail récent, Lydia Assouad (2025) montre comment Mustafa Kemal Atatürk a su promouvoir une nouvelle identité nationale dans la Turquie moderne. Ainsi, après la fondation de la république de Turquie, en 1923, Mustafa Kemal Atatürk parcourt le pays pour promouvoir un nouveau projet identitaire fondé sur la langue et l'unité culturelle. Lydia Assouad montre que sa tournée a accru l'adoption de prénoms en « turc pur » de manière significative et que l'effet est particulièrement fort là où des élites nationalistes étaient déjà actives, et là où Atatürk a délibérément ciblé les notables locaux plutôt que les foules. Dans un contexte profondément différent, Pauline Grosjean, Federico Masera et Hasin Yousaf (2023) montrent, à partir d'une analyse de 35 millions de contrôles routiers, qu'en moyenne, à la suite d'un rassemblement électoral de Donald Trump durant sa première campagne électorale, la probabilité qu'un conducteur contrôlé soit afro-américain augmente de plus de 5 % dans le comté où s'est tenu le rassemblement. L'effet, immédiat et ciblé contre les conducteurs noirs, s'amplifie dans les zones historiquement marquées par le racisme et parmi les agents déjà enclins à une application discriminatoire de la loi. Par ailleurs, les effets sont renforcés quand les discours de Trump font référence, implicitement ou explicitement, aux questions raciales. Ces deux travaux académiques récents illustrent à quel point le discours, notamment quand il est porté par des relais locaux forts, peut affecter les comportements et les croyances des individus.

Dans le prolongement des travaux récents sur le rôle des figures d'influence, j'ai eu le plaisir d'explorer, avec mes coauteurs Sophie Hatte, Lucile Laugerette et Tommaso Sonno, les effets sur la dynamique de violence en Afrique des discours religieux, et plus particulièrement ceux du pape. Fort de son autorité morale, spirituelle et politique, le pape occupe une position centrale dans la diffusion de normes opposées à la violence. Par ses prises de parole, il promeut comme un horizon atteignable une vision de la paix fondée sur la réconciliation, le pardon et l'apaisement des griefs. En s'adressant aux dimensions émotionnelles des conflits et en délégitimant les justifications idéologiques de la violence, ses discours contribuent à reconfigurer les imaginaires collectifs autour d'un idéal de paix partagée.

Les raisons de penser que le pape influence les dynamiques de violence par ses discours sont nombreuses. Tout d'abord, par la nature même de sa parole, il peut espérer interpeller et persuader moralement les groupes armés, en particulier leurs dirigeants, de réévaluer les coûts et les bénéfices de l'usage de la violence. Cet effet est sans doute plus marqué dans les régions ou auprès des groupes où l'ancrage religieux est fort. Les élites locales, telles que les évêques nommés par le pape ou les responsables politiques originaires des zones concernées, jouent également un rôle central. Elles peuvent relayer et amplifier le message pontifical ou, de manière plus directe, œuvrer à la désescalade. Leur influence s'exerce par conviction morale, par alignement idéologique ou par souci de réputation, en tant que messagers, coordinateurs d'initiatives de paix ou garants d'un ordre institutionnel local. Un autre mécanisme plausible réside dans l'effet d'attention internationale. Les discours du pape, en tant que figure religieuse mondiale, attirent les regards des médias, des diplomaties et des acteurs humanitaires. Certains groupes armés ou élites politiques peuvent alors choisir de réduire la violence non par adhésion morale, mais pour éviter des coûts réputationnels liés à cette exposition accrue. Enfin, comme évoqué précédemment, une part importante de la dynamique des conflits réside dans l'enracinement des groupes armés au sein de communautés locales, qui les soutiennent, les protègent ou les tolèrent, parfois sous contrainte morale ou sociale. Si les discours pontificaux parviennent à transformer les normes et les attitudes de ces communautés, en particulier lorsqu'elles sont de tradition chrétienne, cela peut générer une pression populaire en faveur de la désescalade, par le retrait du soutien ou encore la réprobation collective. Mais il faut aussi reconnaître que, si les messages du pape ont pour objectif affiché de favoriser la paix, ils sont susceptibles, du moins en théorie, de produire des effets inverses. Certains groupes armés peuvent percevoir ces appels comme une injustice, une négation de leurs souffrances, voire une prise de parti implicite contre eux, en particulier lorsqu'ils appartiennent à des minorités ou ont été victimes de violences. Dans des contextes polarisés, marqués par de forts clivages ethniques, religieux ou idéologiques, la parole pontificale peut ainsi, selon la manière dont elle est reçue, raviver les tensions et accentuer les divisions existantes.

Dans notre travail portant sur plus d'une centaine de discours prononcés par les papes depuis le Vatican entre 1997 et aujourd'hui, nous montrons que leurs effets, ainsi que les mécanismes qui les sous-tendent, sont plus complexes qu'on ne pourrait l'imaginer. Loin d'être de simples déclarations symboliques, les discours pontificaux exercent un effet tangible sur la dynamique des conflits dans les pays que le pape cite explicitement en un message appelant à la paix. Pris dans leur ensemble, ils sont associés à une réduction moyenne de 23 % de la violence dans les semaines qui suivent l'intervention. Il convient toutefois de préciser que notre analyse mesure l'évolution de l'intensité et de la fréquence des violences à court terme, mais ne permet pas d'identifier scientifiquement un effet direct sur la fin des conflits. Derrière cette moyenne se dessinent des différences marquées entre pontificats. Jean-Paul II, dont la parole résonnait dans un monde encore traversé par les tensions de la guerre froide, voit ses discours associés à une baisse spectaculaire de la violence de près de 90 %, concentrée sur les conflits armés les plus violents. Le pape François, dans un contexte très différent, obtient lui aussi des effets significatifs, avec une baisse d'environ 20 %, mais qui concerne aussi les violences moins visibles, plus diffuses, parfois qualifiées de « basse intensité ». À l'inverse, les discours de Benoît XVI ont, de manière frappante, été associés à une hausse marquée des violences, notamment après 2006. Dans les semaines suivant ses prises de parole, on observe une augmentation de plus de 80 % des conflits violents, et de plus de 60 % des violences à caractère religieux. Ce tournant coïncide avec le discours controversé de Ratisbonne, en 2006, où le pape cite un empereur byzantin du XIVᵉ siècle affirmant que l'islam n'aurait apporté que violence, citation introduite sans prise de distance claire. La réaction fut immédiate : manifestations, violences ciblées, ruptures diplomatiques. Cet épisode semble avoir modifié durablement la manière dont ses discours ont été perçus dans certaines régions du monde.

Au-delà de ces différences entre papes, qui illustrent à quel point le contexte, les mots choisis et leur réception peuvent transformer un message de paix en facteur de crispation, nous documentons plusieurs mécanismes qui permettent de mieux comprendre ces effets. D'abord, dans les zones majoritairement chrétiennes, les discours du pape sont associés à une diminution nette de la violence, qu'elle soit religieuse ou non. Ailleurs, les effets sont plus limités, ce qui souligne que l'impact ne dépend pas seulement du message, mais de l'écho qu'il trouve auprès de celles et ceux qui l'entendent. Nous montrons aussi que les évêques nommés par le pape en exercice jouent le rôle d'amplificateurs du message beaucoup plus fort que ceux nommés par ses prédécesseurs. De même, dans les régions d'origine de dirigeants politiques nationaux, la violence diminue beaucoup après un discours pontifical, comme si ces leaders, soucieux de leur réputation, cherchaient à éviter que leur territoire ne devienne le théâtre d'une flambée de violence au moment où l'attention internationale s'y porte. Enfin, les groupes armés eux-mêmes réagissent, mais de manière différenciée. Lorsqu'ils ne sont pas affiliés religieusement, ou que l'un des protagonistes est un groupe chrétien, la violence tend à reculer. En revanche, dans les conflits impliquant des groupes islamistes, les discours du pape peuvent au contraire raviver les tensions, notamment la violence à caractère religieux. Par ailleurs, les conflits récents ou peu enracinés semblent plus susceptibles de se désamorcer à la suite d'un discours, alors que les conflits anciens, marqués par une longue histoire de violence, de ressentiments accumulés et de cycles de représailles, tendent à se durcir. Comme si certains voyaient dans un appel à la paix une chance de se redéployer, de réaffirmer leur présence, ou simplement un langage extérieur venu troubler un équilibre déjà fragile. Ces résultats rappellent que la parole, même lorsqu'elle vient d'une figure aussi centrale que le pape, n'agit jamais seule. Elle circule par des relais, dans des contextes politiques, sociaux et religieux très spécifiques. Ses effets sont multiples, parfois ambivalents. Mais elle agit. Et, dans certains cas, elle apaise. Ces conclusions résonnent avec un autre enseignement tiré de notre travail. Dans un souci d'évaluer la spécificité de l'effet pontifical, nous avons comparé les discours du pape à ceux du Conseil de sécurité des Nations unies. Il apparaît que ces derniers n'ont aucun effet mesurable sur la dynamique de la violence, ni dans un sens pacificateur ni dans un sens aggravant. Cette absence d'impact souligne, par contraste, le rôle singulier que le pape joue en Afrique, non seulement comme autorité morale, mais comme acteur à part entière dans les dynamiques de conflit.

3

Des soldats pour la paix ?
Vertus et revers de l'intervention

> « La guerre est parfois justifiable
> et sa conduite est toujours sujette
> à une critique morale »
> Michael Walzer

Les interventions militaires sont une autre corde à l'arc des décideurs politiques. Cet engagement, infiniment plus coûteux financièrement et politiquement que les médiations ou les appels de leaders mondiaux, consiste à envoyer des forces armées extérieures sur les théâtres de violence dans le but de modifier les dynamiques de conflit, de protéger des populations, de sécuriser des intérêts stratégiques ou de faire respecter des résolutions internationales. Les intervenants peuvent être très divers, allant d'une armée nationale étrangère à une coalition internationale (OTAN par exemple), à l'envoi de Casques bleus sous mandat de l'ONU, voire des groupes paramilitaires appuyés par un État tiers. De la même façon, les modes opératoires vont d'une présence dissuasive à une action armée directe avec des bombardements ou encore une occupation.

Si l'on s'intéresse d'abord aux opérations de maintien de la paix menées sous l'égide d'organisations internationales telles que l'ONU ou l'OTAN, les exemples sont nombreux, mais les résultats demeurent contrastés, reflets des dynamiques propres à chaque conflit. Les opérations de maintien de la paix dans le bassin du fleuve Mano, entre le Libéria, la Sierra Leone et la Côte d'Ivoire, se sont déroulées entre 1993 et 2018, sous l'égide des Nations unies, avec la participation active de forces armées régionales. Elles ont permis le désarmement de plus de 250 000 combattants, la saisie de plus de 70 000 armes à feu et de plusieurs millions de munitions, tout en soutenant de nombreux processus électoraux, tant législatifs que présidentiels. Cette intervention militaire illustre la capacité de la communauté internationale à multiplier les formes d'engagement, parfois complémentaires, à l'image de la médiation diplomatique entreprise par le roi Mohammed VI en 2002 dans le cadre du même conflit. Bien qu'elle se soit étendue sur plusieurs années, cette opération est considérée par de nombreux observateurs comme une réussite. Elle a non seulement permis de contenir la violence, mais aussi d'accompagner la région dans une dynamique de réconciliation et de paix. Elle n'est cependant pas un cas isolé. L'intervention de l'OTAN en Bosnie-Herzégovine, en 1995, constitue une autre illustration emblématique. Face à l'échec des Casques bleus onusiens à protéger les civils, un échec tragiquement symbolisé par le génocide de Srebrenica, en juillet 1995, où plus de 8 000 hommes et enfants musulmans bosniaques furent exécutés, l'OTAN est intervenue militairement pour la première fois sur le sol européen depuis sa création. Des frappes aériennes ciblées contre les forces serbes, menées en coordination avec les troupes croato-bosniaques au sol, ont contribué à inverser le rapport de force militaire. Les accords de Dayton, conclus en novembre 1995, ont entériné ce tournant, en confiant à l'OTAN la coordination de la force multinationale chargée de faire respecter les termes de l'accord de paix. Cette première opération fut suivie, en 1999, d'une seconde intervention, au Kosovo. Cette province autonome, révoquée par Slobodan Milošević en 1989, avait vu monter les tensions entre l'Armée de libération du Kosovo (UÇK) et les forces serbes, accompagnées de nombreuses exactions contre les civils albanais. Après l'échec des négociations de Rambouillet au début de l'année 1999, l'OTAN engagea une campagne de bombardements aériens contre la Serbie et le Monténégro. Les frappes, menées pendant soixante-huit jours, conduisirent à un retrait des troupes serbes du Kosovo en juin 1999, à la suite de l'acceptation par Milošević des conditions posées. Bien que dépourvue de mandat onusien en raison de l'opposition de la Chine et de la Russie, cette intervention fut justifiée par la notion de responsabilité de protéger, et reste largement perçue comme un succès militaire et stratégique. La même année, le 30 août 1999, un référendum organisé par les Nations unies au Timor-Leste permit à près de 80 % de la population de se prononcer en faveur de l'indépendance vis-à-vis de l'Indonésie. En réaction, des milices pro-indonésiennes, souvent soutenues par l'armée indonésienne, déclenchèrent une violente campagne de terreur. Le Conseil de sécurité de l'ONU, dans un élan de réactivité inhabituel, autorisa dès septembre le déploiement d'une force multinationale afin de restaurer l'ordre et la sécurité. Le succès de cette opération ouvrit la voie à une administration transitoire inédite exercée par l'ONU pendant trois ans, durant laquelle l'organisation internationale assuma une souveraineté pleine sur le territoire. Cette période permit la mise en place d'institutions, de forces de sécurité, la reconstruction des infrastructures et l'organisation d'élections. L'indépendance fut officiellement proclamée en mai 2002. La présence onusienne se poursuivit pendant une décennie supplémentaire afin d'accompagner la reconstruction institutionnelle du pays et de garantir sa stabilité, à travers divers programmes d'assistance technique. Cette intervention souligne à nouveau la diversité des modalités d'engagement international. Si des débats subsistent quant à l'ampleur réelle de ce succès, notamment au regard des dynamiques politiques internes au Timor-Leste à la fin des années 2000, elle montre que les interventions militaires internationales, qu'elles soient brèves ou étendues dans le temps, sont multiformes, articulées à des soutiens locaux et extérieurs, et structurées pour accompagner une paix durable et une reconstruction effective.

Ces succès ne sauraient occulter les échecs cuisants de certaines interventions militaires, au premier rang desquels figure la plus tragique d'entre elles : la Mission des Nations Unies pour l'assistance au Rwanda (MINUAR). Cette opération a tristement illustré l'impuissance de l'ONU à empêcher le génocide rwandais de 1994, au cours duquel environ 1 million de Tutsis furent massacrés par les milices extrémistes hutues, soutenues par l'armée, en l'espace de cent jours. Et pourtant, dès janvier 1994, le Conseil de sécurité avait été alerté de la situation par des rapports inquiétants. Ces signaux d'alarme restèrent lettre morte. Pis encore, les effectifs de la mission furent réduits à 270 soldats, transformant l'ONU en simple spectatrice du génocide, tout juste capable d'assurer l'évacuation des ressortissants étrangers. L'échec de la MINUAR s'explique par une combinaison de facteurs politiques, institutionnels et opérationnels. Conçue pour accompagner un processus de paix fragile, la mission disposait d'un mandat inadapté à l'ampleur de la menace. Faiblement équipée, limitée dans l'usage de la force, elle s'est trouvée paralysée face à l'escalade meurtrière. Mais c'est surtout l'absence de volonté politique de la communauté internationale qui a condamné l'intervention : les grandes puissances, traumatisées par le fiasco somalien, ont refusé d'agir, malgré les alertes précises reçues. Cette inaction, renforcée par l'inertie du Conseil de sécurité, a fait de la MINUAR le témoin impuissant de l'un des pires génocides du xxe siècle. Autre exemple révélateur des limites contemporaines des interventions militaires multilatérales : la Mission multidimensionnelle intégrée des Nations unies pour la stabilisation en République centrafricaine (MINUSCA), déployée en avril 2014 (et toujours en cours à l'été 2025) illustre de manière implacable la complexité, sans doute croissante, de ce type d'opérations. Après des années de crises sécuritaires, humanitaires et politiques, la République centrafricaine sombre dans un conflit armé dont l'élément déclencheur est le renversement du président Bozizé en 2013 par la coalition rebelle Séléka, majoritairement musulmane. S'ensuivent alors des affrontements sanglants entre les milices Séléka et les groupes d'autodéfense anti-balaka, à majorité chrétienne et animiste. Face à l'incapacité des forces françaises à enrayer la dynamique tragique d'une violence à dimension désormais communautaire et religieuse, l'ONU crée la MINUSCA. Forte de 15 000 hommes et femmes en moyenne, dont environ 12 000 militaires, la mission a pour mandat de protéger les civils, d'accompagner les processus électoraux et de soutenir la mise en œuvre des accords de paix. Elle doit également contribuer au rétablissement de l'autorité de l'État, à la reconstruction institutionnelle et à la surveillance des violations des droits humains. Le bilan de la MINUSCA est considéré comme mitigé. D'un côté, elle a permis une réduction relative des violences dans certaines zones urbaines, contribué à la tenue d'élections jugées crédibles, apporté un soutien logistique déterminant à la présence étatique dans plusieurs régions et facilité la démobilisation partielle de groupes armés. D'un autre côté, les limites sont nombreuses : la mission peine à enrayer une violence persistante, dans un pays où l'État ne contrôle qu'une fraction du territoire national. L'exercice de son mandat est également contraint par le gouvernement centrafricain, qui restreint ses marges de manœuvre, tout en s'appuyant de manière croissante sur d'autres acteurs, tels que le groupe Wagner. Faiblement dotée en moyens, peu réactive, la mission est régulièrement critiquée pour son incapacité à protéger efficacement les civils et à instaurer une stabilité durable. Mais l'échec le plus profond, celui qui affecte directement la légitimité morale de l'intervention et de l'ONU elle-même, réside dans les nombreuses accusations d'abus sexuels perpétrés par certains membres de la mission. La base publique de l'ONU recense plus de 750 cas, un chiffre sans doute largement sous-estimé, tant les obstacles sont nombreux pour les victimes, en particulier en l'absence dans cette région de relais locaux fiables à qui rapporter les crimes. Ces actes, largement documentés, entachent durablement l'image de la mission, et rappellent que les opérations militaires dites de paix ne sont jamais neutres ni exemptes de violence propre.

Dominic Rohner (2024) revient en détail sur les promesses et les écueils des interventions extérieures visant à mettre fin aux conflits armés. Il souligne le dynamisme croissant de la littérature sur le sujet, tout en insistant sur les difficultés méthodologiques qui la traversent : isoler des effets véritablement causaux demeure un exercice délicat, dans la mesure où les décisions d'intervenir ne répondent que rarement à des logiques aléatoires, mais bien plutôt à une multitude de considérations politiques, stratégiques ou diplomatiques. Néanmoins, certains travaux récents sont parvenus à dépasser ces contraintes, en mobilisant des stratégies empiriques robustes permettant de mieux identifier les effets des interventions. Il en ressort que les opérations de maintien de la paix menées sous l'égide des Nations unies peuvent produire des effets positifs significatifs, à condition d'être déployées dans des contextes adaptés. La recherche s'accorde tout d'abord sur un constat : ces interventions sont généralement plus efficaces une fois les conflits terminés que lorsqu'elles ont lieu au cœur des affrontements. Toutefois, un élément clé réside dans l'ampleur des effectifs militaires mobilisés : quand les troupes sont nombreuses, elles sont à même de contribuer à réduire les pertes humaines sur les champs de bataille, y compris pendant les conflits en cours, ce que ne permettent ni les effectifs restreints ni l'envoi de simples observateurs. L'efficacité de ces opérations dépend aussi de la qualité des contingents engagés. Les résultats sont ainsi plus probants lorsque les Casques bleus sont issus de pays disposant d'armées professionnelles et bien équipées. Enfin, les travaux les plus récents, fondés sur des données à échelle locale, montrent que la présence de troupes onusiennes peut écourter la durée des épisodes violents, protéger les civils contre les exactions de groupes rebelles et réduire significativement le risque de violences unilatérales, notamment lorsque la densité de déploiement est élevée. Autrement dit, les interventions onusiennes peuvent contribuer à la stabilisation et à la protection des populations, pourvu qu'elles soient suffisamment dotées, finement ciblées et ancrées dans les dynamiques locales, comme en témoignent les cas déjà évoqués.

En ce qui concerne le rôle des pays tiers susceptibles d'intervenir militairement dans un conflit, notamment par l'envoi de troupes en soutien à l'un des belligérants, les études quantitatives disponibles demeurent rares et peu concluantes. Il en résulte une difficulté à évaluer rigoureusement les conséquences, qu'elles soient stabilisatrices ou déstabilisatrices, de ce type d'intervention. En revanche, deux travaux récents offrent un éclairage précieux sur une autre forme d'ingérence militaire : l'aide militaire étrangère. Le premier est signé par Oeindrila Dube et Suresh Naidu (2015), le second par Eugen Dimant, Tim Krieger et Daniel Meierrieks (2024). Tous deux s'intéressent aux effets de l'assistance militaire lorsqu'elle ne prend pas la forme d'un déploiement de troupes, mais de transferts de ressources, de formation ou d'équipement. Dube et Naidu analysent en particulier le rôle joué par l'aide militaire états-unienne à la Colombie de 1988 à 2005, dans un contexte marqué par une guerre asymétrique opposant l'État colombien à des guérillas d'extrême gauche, avec l'appui officieux de groupes paramilitaires d'extrême droite. Durant cette période, les États-Unis ont versé plus de cinq milliards de dollars dans le cadre de leur stratégie de lutte contre les narcotrafics et les insurrections. Une spécificité de cette aide réside dans son mode d'allocation : elle est versée à des brigades de l'armée colombienne opérant à partir de bases militaires localisées dans certaines municipalités. Cette caractéristique permet aux auteurs de comparer finement l'évolution de la violence dans les zones avec et sans base militaire, donc de mieux isoler les effets de l'aide. Leur analyse révèle un résultat contre-intuitif : l'aide militaire américaine est associée à une augmentation significative des violences commises par les groupes paramilitaires dans les municipalités accueillant des bases militaires, sans effet équivalent sur la violence de la guérilla. L'effet est particulièrement marqué lors des années électorales, ce qui suggère une instrumentalisation politique de la violence. Par ailleurs, aucune réduction de la culture de coca, pourtant l'un des objectifs affichés de l'aide, n'est observée. Ces résultats ne s'expliquent ni par des effets de dissuasion croisée ni par une montée en intensité du conflit entre factions armées, mais plutôt par des mécanismes de collusion ou de partage des ressources entre l'armée régulière et les groupes paramilitaires, déjà bien documentés dans la littérature qualitative. Si l'on peut y voir une forme de pragmatisme stratégique, une délégation implicite de la violence à des milices pour mieux lutter contre la guérilla, cette logique soulève de sérieuses inquiétudes. Elle interroge sur les effets délétères de l'aide militaire lorsqu'elle affaiblit l'État de droit, banalise la violence politique, et renforce des acteurs non étatiques qui contestent, *de facto*, le monopole étatique de la violence légitime. En ce sens, une aide militaire mal encadrée peut, au lieu d'apaiser un conflit, en exacerber la complexité et en prolonger la durée. Eugen Dimant et ses coauteurs (2024) analysent les effets de l'aide militaire américaine sur le terrorisme anti-américain à partir d'un vaste panel de données couvrant plus de 170 pays sur une période de cinquante ans. Leur analyse s'inscrit dans le débat entre deux théories opposées. La première postule que l'aide militaire renforce les capacités des États bénéficiaires à lutter contre le terrorisme, en augmentant les coûts associés aux actions violentes, ce qui devrait mécaniquement réduire la fréquence des attentats, y compris ceux visant les intérêts américains. La seconde défend l'idée que cette aide, en modifiant l'équilibre local des forces, incite certains groupes armés à cibler directement les États-Unis dans l'espoir de provoquer un retrait de leur soutien. Dans cette perspective, l'aide ne désamorce pas la violence, mais en modifie la cible, contribuant à un surcroît de terrorisme dirigé contre les États-Unis. Les résultats empiriques sont sans appel : le doublement de l'aide militaire états-unienne accroît de 50 % le risque d'attentats visant des intérêts des États-Unis. Au-delà de ce constat, les auteurs mettent en évidence un mécanisme explicatif original : celui des griefs liés à la redistribution inégalitaire de l'aide. Loin de renforcer uniformément les capacités militaires des États, l'aide est souvent captée par des réseaux clientélistes, alimentant la corruption, l'exclusion et la consolidation d'élites au pouvoir. Les ressources ainsi concentrées profitent à des groupes proches du régime, tandis que les groupes marginalisés voient se réduire leurs perspectives économiques et leur accès à la participation politique. Dans ce contexte, la violence peut devenir une stratégie rationnelle d'expression ou de contestation, renforçant l'attractivité du terrorisme comme ultime recours face à un ordre perçu comme injuste.

4

Les sanctions : entre efficacité ciblée et effets boomerang

Parmi les instruments mobilisés dans les conflits contemporains, les sanctions sont revenues au cœur de la scène politique et médiatique internationale, notamment après l'invasion de l'Ukraine, en 2022, et l'adoption massive de mesures contre la Russie. Cet outil, longtemps relégué à une forme d'arsenal diplomatique secondaire, connaît aujourd'hui un regain d'intérêt marqué. Les sanctions peuvent prendre des formes multiples : sanctions économiques (embargos commerciaux, restrictions financières, suspension de l'aide internationale, interdictions d'investissement), sanctions diplomatiques (rupture des relations, exclusion d'organisations internationales), sanctions judiciaires (gel des avoirs, interdictions de voyager), sanctions militaires (embargo sur les armes, fin de la coopération militaire), ou encore sanctions symboliques, telles que l'exclusion d'événements internationaux comme les jeux Olympiques. Leur usage s'est considérablement intensifié : on compte aujourd'hui près de quatre fois plus de processus de sanctions actifs qu'au début des années 1990. Si certaines visent à contraindre un pouvoir à mettre fin à des violences ou à se retirer d'un territoire occupé, d'autres cherchent à infléchir plus largement une trajectoire politique, en encourageant des processus d'ouverture ou de transition démocratique.

Au fil du temps, et notamment face à l'échec, voire aux effets inattendus, indésirables, voire tragiques, de certaines sanctions, comme en témoigne l'exemple emblématique des mesures internationales imposées à l'Irak dans les années 1990 (hausse de la mortalité infantile, aggravation de la malnutrition, baisse de l'espérance de vie), la communauté internationale a progressivement réorienté sa politique vers des sanctions plus ciblées. L'objectif est désormais de frapper uniquement les acteurs, institutions ou groupes politiques et économiques détenant un réel pouvoir de décision. Une autre contrainte majeure pèse toutefois sur ce mécanisme : la capacité des cibles à contourner, parfois avec une ingéniosité remarquable, les sanctions, les rendant *de facto* inefficaces.

Consécutivement à l'annexion de la Crimée en 2014, 37 pays, parmi lesquels les États-Unis, le Japon et les membres de l'Union européenne, ont progressivement adopté plusieurs vagues de sanctions contre la Russie. En réponse, cette dernière a imposé à l'été 2014 un embargo sur certains produits agricoles. De nombreuses études ont tenté d'en évaluer les conséquences, tant pour l'économie et la politique intérieure russes que pour les pays à l'origine des sanctions. Matthieu Crozet et Julian Hinz, contributeurs majeurs à ce champ d'analyse, ont estimé dans un article publié en 2020, à l'aide des outils d'analyse des flux commerciaux, que le coût total des sanctions imposées à la Russie, mais aussi à l'ensemble des grands exportateurs mondiaux, qu'ils aient participé aux sanctions ou non, s'élève à 96 milliards de dollars entre le début du conflit et la fin de l'année 2015, soit environ 0,7 % du commerce total attendu des pays concernés, dont 56 % à la charge de la Russie. Cela signifie, symétriquement, une perte estimée à 42 milliards de dollars pour les pays initiateurs des sanctions, dont plus de 90 % supportés par les États membres de l'Union européenne. Les auteurs montrent que ces pertes importantes ne résultent pas directement des contre-mesures russes, mais également d'effets indirects et non anticipés. En effet, de nombreux biens non visés par les sanctions ont eux aussi connu un effondrement des échanges, révélant l'effet délétère des tensions diplomatiques sur la sécurisation et le financement du commerce. Les produits fortement dépendants des mécanismes de crédit à l'exportation se révèlent les plus touchés, en raison d'une instabilité juridique et bancaire croissante.

Ces sanctions ont-elles pour autant affaibli le soutien populaire au pouvoir en place ? Loin de là. L'invasion de la Crimée, en 2014, a coïncidé avec une hausse spectaculaire de la popularité de Vladimir Poutine, passée de 65 à 80 %, sans qu'il soit aisé de déterminer si cette dynamique résulte directement des sanctions ou plus largement d'un sursaut nationaliste dans un contexte de guerre. Robert Gold, Julian Hinz et Michele Valsecchi (2024) portent un éclairage rigoureux sur cette question en analysant les effets électoraux des sanctions sur les scrutins présidentiels et législatifs russes entre 2007 et 2018. Exploitant les différences d'exposition aux sanctions selon la spécialisation commerciale des régions, ils montrent que les zones les plus touchées ont davantage, et de manière significative, soutenu le régime en place, au détriment du vote en faveur des partis communistes. L'effet est loin d'être marginal : dans un district moyen, l'exposition aux sanctions augmente de 13 % la part des voix obtenues par Vladimir Poutine et son parti. Ce résultat, en phase avec certaines observations empiriques isolées, rappelle que même ciblées, les sanctions peuvent renforcer le pouvoir qu'elles visent à affaiblir. En période de conflit, elles tendent à consolider le soutien populaire autour des élites dirigeantes, produisant un effet inverse à celui escompté. Il est probable que cet effet dépende en partie du récit produit par le régime : lorsque le pouvoir parvient à présenter les sanctions comme injustes et dirigées contre la nation même, leur effet devient contre-productif. Avec le temps, l'intensité des sanctions, leur prolongement ou leur impact direct sur les conditions de vie des populations pourraient en affaiblir la légitimité perçue, voire inverser leur effet politique.

Même si cela ne constitue pas le cœur de cet ouvrage, il me semble important de revenir sur les effets des sanctions sur les pays qui en prennent l'initiative. Le travail de Matthieu Crozet et Julian Hinz (2020) montre que ces effets sont loin d'être négligeables. En 2021, avec Amrei Stammann et Joschka Wanner, ils exploitent des données d'exportation de firmes françaises pour évaluer l'impact des sanctions économiques sur les entreprises. Ils montrent que l'introduction de nouvelles sanctions contre l'Iran et la Russie réduit significativement la probabilité de maintenir des relations commerciales avec ces marchés, tandis que la levée temporaire des sanctions contre Cuba ou la fin de celles imposées au Myanmar n'a que peu stimulé les échanges. L'effet négatif des sanctions est partiellement atténué pour les entreprises ayant une expérience préalable sur les marchés concernés. Par ailleurs, certaines entreprises, dont l'activité est spécialisée dans les environnements politiques jugés à risque ou instables, semblent relativement moins exposées aux effets des sanctions. Enfin, phénomène plus discret mais non négligeable, certaines entreprises parviennent à contourner les sanctions en exportant indirectement via des pays voisins. Ces résultats soulignent que les sociétés situées dans les pays touchés par des sanctions ne sont pas affectées de manière uniforme. Cela rend d'autant plus cruciale une conception fine et ciblée des régimes de sanctions. Cette exigence est renforcée par un article plus récent (Crozet et Hinz, 2023), dans lequel les auteurs montrent que les villes où sont implantées les entreprises françaises les plus touchées par l'embargo russe ont connu une progression sensible du vote en faveur de Marine Le Pen lors de l'élection présidentielle de 2017. Certes, en valeur absolue, on parle d'environ 16 000 votes supplémentaires, un chiffre modeste et sans doute largement sous-estimé au regard de la méthodologie retenue, mais néanmoins révélateur de certains effets collatéraux des sanctions. Ces résultats devraient être intégrés aux analyses coûts-bénéfices des décideurs publics dans les pays initiateurs des sanctions, afin d'anticiper et de limiter les conséquences économiques et politiques sur les secteurs et les territoires les plus exposés à des mesures de rétorsion.

Globalement, ce que nous apprend cette littérature, c'est que l'efficacité économique des sanctions dépend fortement de leur conception. Elles produisent des effets plus marqués lorsqu'elles sont multilatérales, ce qui limite les possibilités de contournement par redirection des flux commerciaux. Elles sont également plus efficaces lorsqu'elles visent des économies de petite taille, moins capables de mobiliser des stratégies d'adaptation ou de représailles, à l'inverse de la Russie par exemple. Enfin, leur efficacité est renforcée lorsqu'elles sont conçues comme réversibles, c'est-à-dire assorties de conditions claires de levée, ce qui renforce leur pouvoir incitatif tout en limitant les effets d'enlisement. Pour autant, malgré ces éléments, il n'existe pas à ce jour de consensus scientifique clair quant à leur aptitude à raccourcir la durée des conflits ou à favoriser l'émergence d'un cessez-le-feu durable.

5

L'aide au développement sous le feu des conflits : moteur de paix ou source de tensions ?

Un autre vecteur d'intervention économique, au-delà des sanctions, réside dans l'aide au développement. Dans les contextes de conflit ou d'instabilité politique, elle peut viser à prévenir les violences, à soulager les populations prises sous le feu des combats, à réduire les incitations à l'engagement armé, ou encore à amorcer un processus de sortie de crise. Elle intervient également dans les phases post-conflit, avec l'objectif central d'empêcher la rechute, en brisant le cycle vicieux qui enferme trop souvent les sociétés dans des trappes de violence. L'aide au développement constitue un levier protéiforme. La forme d'aide la plus ancrée dans l'imaginaire collectif demeure sans doute l'aide humanitaire d'urgence, incarnée de manière emblématique par ces images de Bernard Kouchner, en 1992, portant un sac de riz sur le port de Mogadiscio, en Somalie. Elle se traduit par la distribution de nourriture, d'eau, de matériel médical ou encore par la mise à disposition d'abris pour des populations souvent totalement privées de toute protection étatique. Son objectif premier est d'assurer les conditions minimales de survie et de fonctionnement social, même en plein cœur du conflit. Mais cette aide ne s'arrête pas à l'urgence. Elle peut également viser à renforcer la gouvernance et les institutions locales : soutien à l'administration publique, réforme du système judiciaire, appui à la police civile, lutte contre la corruption, ou encore assistance aux processus électoraux dans les contextes de transition politique. Elle prend aussi la forme d'investissements durables dans les secteurs clés tels que la santé, l'éducation, l'agriculture ou les infrastructures essentielles (eau, énergie, assainissement, communication). Par ailleurs, l'aide au développement inclut fréquemment des programmes de désarmement, de démobilisation et de réintégration des ex-combattants, accompagnés de dispositifs d'insertion économique, de soutien psychosocial et de médiation communautaire. Dans de nombreux contextes, elle intègre des efforts spécifiques en faveur de la réintégration des enfants soldats et de l'accompagnement psychologique des populations et des communautés durablement marquées par la guerre.

Afin de fixer les idées, quelques chiffres sur l'aide publique au développement s'imposent. En 2023, selon l'OCDE, l'aide publique au développement s'est élevée à 223 milliards de dollars, soit 0,37 % du revenu national brut combiné des pays donateurs, un niveau encore loin de l'objectif de 0,7 % fixé par les Nations unies. Seuls cinq pays ont franchi ce seuil : la Norvège, le Luxembourg, la Suède, l'Allemagne et le Danemark. La France, pour sa part, consacre 0,48 % de son revenu national brut à l'aide publique. L'aide privée, issue de fondations, ONG et entreprises, représente en moyenne un quart de l'aide publique. L'Institut international de recherche sur la paix de Stockholm (SIPRI) a publié en 2023 une note précieuse qui détaille la répartition de l'aide publique selon le statut des pays bénéficiaires pour la période 1990-2020. L'aide y est ventilée en trois volets : humanitaire, développement et consolidation de la paix ; et les pays sont classés en trois catégories : pays sans conflit, pays en conflit, et pays en post-conflit. Dans tous les cas de figure, l'aide au développement reste largement majoritaire : elle représente en moyenne 75 % de l'aide en période de conflit, et jusqu'à 89 % en l'absence de conflit. L'aide humanitaire atteint son pic dans les contextes de guerre ouverte, avec une part moyenne de 14 %. Quant à l'aide à la consolidation de la paix, elle représente 9 % de l'aide dans les pays sans conflit, 11 % dans ceux en proie à des violences, et 14 % dans les pays en sortie de conflit ayant réussi à éviter une rechute.

Il va sans dire que l'objectif des donateurs, qu'ils soient publics ou privés, lorsqu'ils fournissent de l'aide au développement à des pays fragiles, est d'empêcher, de réduire ou d'interrompre les dynamiques de violence. Pourtant, la réalité empirique des effets de cette aide sur les conflits armés se révèle bien plus contrastée. Dans le chapitre consacré aux déterminants de la violence, j'ai mentionné le travail mené avec mes collègues Julian Marcoux, Thierry Mayer et Mathias Thoenig (2025), dans lequel nous distinguons les « facteurs de pression » et les « facteurs d'attraction » de la violence. Or, théoriquement, l'aide au développement peut agir sur les deux registres. D'un côté, elle permet de s'attaquer à certains éléments structurels ou conjoncturels qui exercent une pression vers la participation à la violence armée. Ainsi, comme on l'a vu, la notion de coût d'opportunité joue un rôle clé dans la décision individuelle de s'engager dans un conflit : qu'il s'agisse d'aide humanitaire d'urgence ou d'aide plus structurelle au développement, les effets de revenu qu'elle génère contribuent à accroître ce coût, réduisant ainsi l'attrait de la violence. De la même manière, l'aide joue un rôle central dans ce que l'on appelle la stratégie « des cœurs et des esprits », en cherchant à rallier l'adhésion des populations civiles par la fourniture de services essentiels. Répondant aux besoins immédiats tout en restaurant une forme de légitimité étatique, elle vise à priver les groupes armés de leur base sociale de soutien et à détourner les individus du recours à la violence. Mais cette même aide, quelle que soit sa forme, peut aussi produire l'effet inverse, la richesse qu'elle crée devenant une source d'attraction pour les groupes armés, désireux de capter ces ressources pour financer leurs activités, affaiblir les populations afin de mieux s'insérer dans le tissu socio-économique local, ou encore s'attaquer symboliquement à l'État, incapable d'assurer la sécurité des canaux d'approvisionnement. L'aide au développement peut ainsi nourrir des dynamiques ambivalentes : elle peut contribuer à la construction de la paix comme attiser, parfois malgré elle, les feux de la violence.

Le moins que l'on puisse dire, c'est que la littérature scientifique n'est, à ce jour, pas parvenue à trancher entre les deux effets opposés, de pression ou d'attraction, pour déterminer l'impact réel de l'aide sur la conflictualité. Travail fondateur dans ce domaine, l'article de Nathan Nunn et Nancy Qian publié en 2014 a suscité une attention particulière en ce qu'il constituait l'une des premières preuves empiriques solides sur le lien entre aide alimentaire et violence. Les auteurs montrent que l'aide alimentaire états-unienne, entre 1971 et 2006, a contribué à accroître l'incidence et la durée des conflits civils, sans pour autant jouer un rôle déclencheur, et sans effet mesurable sur les conflits interétatiques. Leur analyse suggère par ailleurs que cet impact est particulièrement marqué dans les pays ayant récemment connu une guerre civile. À l'inverse, Sébastien Mary et Ashok Mishra (2020), pour une période plus récente (2002-2017), concluent que l'aide alimentaire humanitaire tend à réduire l'incidence des conflits civils, qu'ils soient de faible ou de grande intensité, ainsi que la probabilité de leur émergence et leur durée. Matthew Ribar (2025) propose une explication à ces résultats contradictoires, soulignant la difficulté de mesurer précisément la nature, le volume et le calendrier réel de l'aide. En particulier, la valeur comptable de l'aide inclut généralement les coûts de transport, ce qui gonfle artificiellement son montant dans les zones les plus isolées, souvent aussi les plus exposées à la violence. En construisant une base de données plus fine, distinguant clairement l'aide alimentaire humanitaire de l'aide non humanitaire, et en mesurant son volume plutôt que sa valeur monétaire, il ne trouve aucun lien statistiquement significatif entre cette aide et l'incidence des conflits, leur cessation ou la durée de la paix. Ces résultats suggèrent que l'aide alimentaire humanitaire, correctement mesurée, ne semble ni attiser ni apaiser les dynamiques de violence.

Deux travaux académiques, menés respectivement par Benjamin Crost, Joseph Felter et Patrick Johnston (2014), puis par Renard Sexton (2016), apportent un éclairage riche d'enseignements sur la nature de l'aide, les modalités de sa distribution et, surtout, l'importance de l'acteur responsable de sa mise en œuvre. Le premier article s'intéresse aux conséquences d'un programme de développement local dirigé par les communautés, dont le principe repose sur le transfert direct de ressources financières, matérielles ou techniques aux populations locales afin qu'elles identifient, planifient, réalisent et gèrent elles-mêmes leurs projets de développement, qu'il s'agisse d'infrastructures, de services sociaux ou d'activités économiques. Ce type de programme poursuit un double objectif : répondre aux besoins prioritaires définis localement, et renforcer la participation citoyenne, la redevabilité et la cohésion sociale. Dans les contextes fragiles, il est souvent présenté comme un levier de stabilisation et de prévention des conflits. Les auteurs évaluent plus précisément les effets du programme KALAHI-CIDSS, mis en œuvre aux Philippines, qui visait à renforcer les infrastructures locales, la gouvernance, la participation communautaire et la cohésion sociale. Entre 2003 et 2008, plus de 4 000 villages répartis dans 184 municipalités et 42 provinces ont bénéficié de ce dispositif. Leur identification causale repose sur une règle d'éligibilité claire : seules les 25 % les plus pauvres des municipalités de chaque province candidate pouvaient accéder au programme. Cette discontinuité permet aux auteurs de comparer la dynamique de violence entre des municipalités situées juste en dessous et juste au-dessus du seuil d'éligibilité, autrement dit, très proches en matière de niveau de développement au moment de la sélection, mais traitées différemment du point de vue de l'aide reçue. Les résultats sont sans ambiguïté : le programme est associé à une hausse significative de la violence. Après son lancement, les municipalités à peine éligibles ont enregistré un nombre de victimes nettement supérieur à celui des municipalités à peine inéligibles, sans différences préexistantes expliquant cet écart. L'effet est concentré dans les premières phases du programme, avant même le décaissement des fonds ou l'engagement formel des municipalités bénéficiaires. Il concerne principalement les pertes subies par les forces gouvernementales, à la suite d'attaques initiées par des groupes insurgés. Fait notable, cette intensification de la violence concerne spécifiquement les groupes armés à visée politique, sans affecter les groupes criminels dénués de revendications idéologiques. L'interprétation retenue par les auteurs est que les insurgés ont cherché à saboter le programme pour des raisons politiques : le succès de projets visibles, portés par le gouvernement, risquait de renforcer la légitimité de l'État et d'affaiblir leur influence au sein des communautés locales. Renard Sexton s'attaque à une autre question importante : définir en quelle mesure le degré de contrôle territorial des forces gouvernementales affecte le lien entre aide au développement et conflit. Il étudie cette question dans le contexte afghan où, pour faire face à l'opposition armée grandissante contre le gouvernement, le Congrès américain a autorisé des dépenses dites de cœurs et d'esprits, qui entre 2004 et 2011, ont représenté plus de 2,6 milliards de dollars finançant des projets allant de la construction de routes aux programmes de rémunération en échange de travaux communautaires (« *cash for work* ») en passant par l'aide à l'agriculture et les projets liés à l'eau.

Ces dépenses s'inscrivent dans une stratégie plus large de contre-insurrection visant à regagner l'adhésion des populations civiles. À partir de données géolocalisées sur les incidents violents en Afghanistan, Renard Sexton montre que l'aide civile n'atténue les violences insurgées que lorsqu'elle est déployée dans des zones déjà sécurisées par les forces progouvernementales. À l'inverse, dans les districts contestés, cette même aide alimente les violences : les groupes insurgés, conscients du potentiel de légitimation de ces projets pour le pouvoir en place, cherchent à en empêcher la mise en œuvre. L'effet est particulièrement marqué pour les projets d'infrastructures militaires, tandis que l'aide strictement humanitaire n'a pas d'effet significatif. Eoin McGuirk et Nathan Nunn (2024) apportent une contribution importante à la réflexion sur les effets différenciés de l'aide au développement, en soulignant les risques d'un décalage entre les objectifs des projets et les réalités locales. Leur analyse part du constat d'une intensification des initiatives visant à promouvoir une agriculture plus productive en Afrique, souvent implantées dans des zones historiquement pastorales où la gestion des terres repose sur des arrangements coutumiers. Ces projets peuvent entraver les systèmes pastoraux en bloquant l'accès aux points d'eau et aux zones de pâturage, alimentant ainsi les tensions entre groupes agricoles et pastoraux, une problématique déjà évoquée dans ce livre. Pour évaluer ces dynamiques, les auteurs exploitent, sur la période 1995-2014, les données géolocalisées des projets agricoles financés par la Banque mondiale. Ils montrent que, dans les régions où le pastoralisme transhumant est peu présent, la mise en œuvre de projets agricoles est associée à une baisse significative du risque de conflit. En revanche, dans les territoires à forte intensité pastorale, ces mêmes projets provoquent une hausse spectaculaire du risque de violence. Plus encore, ils révèlent que ces tensions alimentent la dynamique djihadiste, en facilitant le recrutement de jeunes bouviers et bergers marginalisés, souvent déplacés par les transformations foncières induites.

Loin d'être un instrument neutre, l'aide au développement, au sens large, agit dans un environnement où les logiques politiques, stratégiques et sociales s'entrecroisent. Le lien observé entre développement agricole et intensification des violences dans les zones pastorales souligne à quel point ces dynamiques trouvent, au moins en partie, leur origine dans des choix de politiques publiques insuffisamment adaptés aux structures locales. Ces résultats appellent à une vigilance accrue quant à la compatibilité entre les projets de développement et les spécificités locales. Ils invitent également à repenser en profondeur les stratégies de contre-insurrection : les groupes armés ne sont pas de simples spectateurs passifs de l'aide, ils y réagissent de manière stratégique, parfois violente, pour préserver leur légitimité ou leurs ressources. L'efficacité des politiques d'assistance ne peut donc se mesurer indépendamment du contexte où elles s'inscrivent, un contexte marqué par l'asymétrie des pouvoirs, la compétition pour les ressources et la complexité des allégeances locales.

6

Transferts monétaires : l'argent de la paix ou la monnaie de la discorde ?

Parmi les instruments de politique publique les plus étudiés en économie du développement, les transferts monétaires (« *cash transfers* ») occupent une place centrale. Ce terme désigne des aides financières versées directement à des ménages ou des individus généralement en situation de pauvreté ou de grande vulnérabilité. Contrairement à l'aide en nature (distribution de nourriture, de biens ou de services), il s'agit ici de fournir de l'argent de manière ponctuelle ou régulière, que les bénéficiaires peuvent utiliser librement, selon leurs besoins. Ces programmes partent du principe que les individus (pauvres) sont les mieux placés pour savoir ce dont ils ont besoin, et qu'un appui financier bien conçu peut améliorer leur bien-être. La simplicité apparente de ce mécanisme cache un potentiel de transformation considérable. La littérature en économie, désormais abondante, montre que ces dispositifs, qu'ils soient conditionnels ou non, favorisent l'investissement dans le capital humain, incitent à l'accumulation d'actifs, facilitent l'orientation vers des activités génératrices de revenu à plus forte productivité et contribuent à la réduction de la pauvreté. Au regard de la capacité de ce type de politique publique à affecter les trajectoires de vie des bénéficiaires, naturellement les organisations internationales et le monde académique se sont attachés à analyser dans quelle mesure ces outils pouvaient affecter la dynamique de violence.

De nouveau, il convient de tempérer les attentes : les programmes de transferts monétaires ne semblent pas, hélas, produire d'effet pacificateur systématique. Michael Weintraub (2016) évalue les effets d'un vaste programme d'aide sociale en Colombie, déployé dans plus de 1 000 municipalités, qui avait touché, fin 2013, 2,6 millions des familles les plus pauvres du pays. Loin d'apaiser les tensions, les résultats révèlent que les FARC ont intensifié leurs attaques dans les municipalités bénéficiaires, soulignant combien le contrôle territorial reste un enjeu stratégique dès lors qu'un effet de richesse, même modeste, se fait sentir. À l'inverse, les conclusions de Benjamin Crost, Joseph Felter et Patrick Johnston (2016), dans le cadre du Pantawid Pamilyang Pilipino Program, un programme conditionnel de transferts monétaires ciblant les foyers les plus pauvres aux Philippines à condition que leurs enfants soient scolarisés et vaccinés sont nettement plus encourageantes. Selon une expérimentation aléatoire menée dès 2009 dans 130 villages répartis sur 8 municipalités, seuls certains d'entre eux ont reçu les transferts durant les deux premières années. Les résultats sont clairs : une baisse significative des incidents violents est observée la première année, suivie d'un effet plus modeste, mais persistant, l'année suivante. Les données indiquent également un recul de l'influence des groupes insurgés dans les zones traitées, suggérant un affaiblissement de leur ancrage local. Trois mécanismes sont évoqués pour expliquer ces résultats. Le premier est celui « des cœurs et des esprits » : les villages recevant les transferts témoignent d'un soutien accru aux autorités, illustré par une probabilité plus élevée de réélection des maires sortants. Le second mécanisme est propre au contexte philippin : en permettant aux ménages de s'acquitter de la « taxe révolutionnaire » imposée par les groupes armés, les transferts réduisent les violences punitives dirigées contre eux. Toutefois, si ce mécanisme est si déterminant, on peut s'étonner que les groupes armés n'aient pas cherché à capter cette nouvelle richesse pour financer leur expansion, comme cela a été documenté pour les ressources naturelles dans notre étude avec Nicolas Berman, Dominic Rohner et Mathias Thoenig (2017). Le troisième mécanisme, classique, repose sur le coût d'opportunité de l'engagement armé, bien que les auteurs restent prudents quant à sa contribution effective dans leur cas d'étude, du fait de la proximité géographique entre villages traités et non traités. Le panorama ne serait pas complet sans discuter le dernier-né des papiers traitant de la question, celui de Patrick Premand et Dominic Rohner (2024), dans le cas d'un vaste programme public de transferts monétaires inconditionnels mis en œuvre au Niger. Ce programme consiste à verser, de façon inconditionnelle et pendant deux ans, une aide mensuelle représentant un peu plus de 10 % de la consommation annuelle des ménages bénéficiaires. Si de nombreux travaux ont mis en évidence ses effets bénéfiques sur la consommation, la sécurité alimentaire ou encore le bien-être psychologique, ses impacts sécuritaires restaient inexplorés. À partir d'une expérience aléatoire conduite dans plus de 4 000 villages, les auteurs montrent que le programme n'a eu, à court ou moyen terme, aucun effet significatif sur la violence. En revanche, une hausse temporaire des incidents violents est observée au moment de son déploiement, attribuée à la présence de groupes terroristes transnationaux comme Boko Haram, venus du Nigeria voisin. Peu après la fin du programme, les niveaux de violence sont similaires entre les villages traités et ceux n'ayant pas reçu de transferts monétaires. Les auteurs explorent successivement les trois mécanismes évoqués précédemment. Le coût d'opportunité semble limité au moment de l'implémentation, dans un contexte où les violences émanent principalement d'acteurs extérieurs peu enracinés localement. En revanche, ce mécanisme pourrait avoir joué un rôle plus tardif, en raison des effets positifs bien documentés du programme sur les conditions de vie. Le second mécanisme, lié aux « facteurs d'attraction », est privilégié pour expliquer l'augmentation de la violence lors du lancement du programme : l'irruption soudaine de richesse aurait attisé la convoitise des groupes armés. Enfin, les auteurs n'excluent pas un effet de sabotage stratégique, certains groupes terroristes ayant tout intérêt à compromettre un programme susceptible de légitimer l'action de l'État et de menacer leur implantation dans la région. Ces analyses confirment une fois encore (malheureusement) la complexité de la mise en place de politiques publiques efficaces dans certains contextes et contre-productives dans d'autres, rappelant l'importance de prendre en compte les temporalités différenciées, les dynamiques locales et la configuration des acteurs dans l'évaluation des programmes de transferts monétaires.

7

Une autre vie après les armes

Au fil de ce livre, j'ai évoqué à plusieurs reprises les motivations et le fonctionnement des groupes armés, en insistant sur le rôle central des combattants qui les composent. Lorsqu'on réfléchit aux politiques publiques susceptibles de réduire durablement la violence, voire d'y mettre fin et de reconstruire un vivre-ensemble, une question essentielle se pose : que devient un combattant après le conflit ? Et surtout comment accélérer le processus de démobilisation ? Cette interrogation est d'une importance capitale, car elle conditionne en grande partie le risque de reprise des hostilités après un cessez-le-feu ou un accord de paix. De nombreuses réflexions ont été menées autour du triptyque désormais bien connu « désarmement, démobilisation et réintégration » (DDR). L'objectif est clair : soustraire les ex-combattants à l'univers du conflit et les accompagner dans leur retour à la vie civile, pleinement intégrée à une société apaisée. Je ne reviendrai pas ici en détail sur toutes les composantes de ce triptyque, mais je souhaite évoquer plusieurs travaux récents en économie qui, chacun à leur manière, illustrent à la fois les écueils et les promesses de ces politiques, en soulignant la complexité de leur mise en œuvre comme les succès tangibles qu'elles peuvent générer.

Une question cruciale est de savoir dans quelle mesure les combattants actifs disposent d'informations claires et fiables sur les modalités logistiques de la reddition, les offres d'amnistie, les procédures judiciaires prévues, ainsi que sur la volonté de leurs familles et communautés de les réintégrer. Cet enjeu est d'autant plus important que l'échec de plusieurs cessez-le-feu dans les années 1990 a conduit les chercheurs et les praticiens à s'interroger sur les raisons profondes de ces ruptures. Il est alors apparu que nombre de combattants ne disposaient que d'informations lacunaires, voire inexistantes sur les conditions concrètes de la reddition. Cette opacité a parfois entraîné des malentendus profonds au sein de groupes armés, entre des dirigeants prêts à signer un accord de paix et une base combattante peu ou mal informée, nourrissant la défiance et favorisant la formation de factions dissidentes. Ces dynamiques ont fragilisé de nombreux processus de paix et contribué à la persistance ou à la reprise de la violence.

L'efficacité d'un programme de démobilisation repose en grande partie sur la capacité à faire parvenir aux combattants des informations claires, crédibles et accessibles. Les canaux de transmission sont multiples. L'un des plus fréquemment utilisés, notamment en Colombie, en République démocratique du Congo ou en République centrafricaine, est la radio, qu'elle soit locale ou nationale. Elle présente l'avantage d'avoir une large portée et d'être accessible à faible coût, mais suppose que les combattants se trouvent à proximité d'un poste radio, et surtout qu'ils jugent le message digne de confiance. Une autre méthode classique consiste à diffuser des tracts largués par voie aérienne. Leur caractère impersonnel les rend toutefois plus facilement assimilables à de la propagande, donc potentiellement inefficaces. Le manga *Peleliu*, de Kazuyoshi Takeda, qui retrace la bataille éponyme de 1944 entre les États-Unis et le Japon, illustre, parmi bien d'autres aspects de cette confrontation particulièrement meurtrière, toute l'ambiguïté du message de reddition perçu par les soldats, et la difficulté à y répondre de manière rationnelle – à lire ! En ce qui concerne les nouveaux vecteurs d'information, les téléphones portables, les réseaux sociaux ou Internet constituent des canaux en pleine expansion. Ils permettent de diffuser des messages plus ciblés, voire individualisés, à un coût relativement faible. Mais ils restent confrontés à des limitations techniques importantes dans des zones reculées ou faiblement connectées. Enfin, les relais communautaires ou les témoignages d'anciens combattants jouent un rôle essentiel. Fondés sur la confiance, ancrés localement, ils renforcent la crédibilité du message. Leur portée est néanmoins plus restreinte, et ils peuvent perdre en efficacité s'ils sont perçus comme instrumentalisés par l'État.

Alex Armand, Paul Atwell et Joseph Gomes (2020) sont les premiers à avoir estimé de manière causale l'efficacité de la radio comme vecteur de messages appelant à la défection. Ils analysent cette question dans le contexte de l'insurrection de l'Armée de résistance du Seigneur (LRA), un groupe armé d'Afrique centrale ayant débuté ses activités à la fin des années 1980 dans le nord de l'Ouganda, avant d'étendre son emprise à la République démocratique du Congo, au Soudan du Sud et à la République centrafricaine. Ce groupe est tristement célèbre pour sa brutalité (plus de 100 000 victimes et 2,5 millions de déplacés à son actif), mais aussi pour son recours systématique à l'enlèvement de mineurs, contraints de devenir enfants soldats. Au début des années 2000, des programmes furent diffusés à la radio, incluant des interviews d'ex-combattants, des messages personnels émanant de membres de leur famille ou de leur communauté, ainsi que des informations logistiques sur les modalités de reddition en toute sécurité. D'après une enquête de terrain, 95 % des répondants affirment avoir reçu le message, directement ou par l'intermédiaire d'autres membres du groupe, preuve que l'information a bien circulé parmi les combattants. Pendant la période étudiée (2008-2015), dix-neuf stations de radio ont diffusé ces messages pro-défection, couvrant une part importante du territoire, même si, du fait de la topographie, certaines zones ont été bien desservies tandis que d'autres restaient en dehors de la portée des ondes. Leurs résultats sont édifiants : dans les zones entièrement couvertes par la radio, une intensification de la diffusion correspondant à vingt minutes de programme en plus chaque jour est associée à une baisse de la létalité des violences (–2,7 %), une hausse des défections (+1 %) et une diminution des attaques contre les civils (–1 %). Ainsi, ils montrent que, sur l'ensemble de la période étudiée, l'effet conjoint de l'intensité du message et de la couverture radiophonique a permis de réduire le nombre de morts de 27 %, et explique 14 % des cas de reddition parmi les combattants. Un autre résultat que je trouve particulièrement intéressant réside dans la complémentarité entre le message appelant à la défection et un choc économique. Pour une même intensité de message enjoignant aux combattants de faire défection, ces derniers étaient plus nombreux à se rendre dans les régions où le marché du travail offrait de meilleures possibilités. En particulier, des chocs positifs sur les prix du coton, un secteur fortement intensif en main-d'œuvre, améliorent les perspectives d'emploi et les revenus, réduisant d'autant l'attractivité de l'engagement armé, et par là même la dynamique conflictuelle. *A contrario*, si les secteurs desquels le groupe armé tirait une rente, comme celui de l'arachide, devenaient plus profitable, le message pro-défection avait un effet moindre.

Dans un registre différent, où la question n'est plus tant de savoir comment les combattants ont reçu et interprété un message les encourageant à la défection que d'examiner quel rôle jouent les conditions économiques dans la décision de quitter un groupe armé, Paola Peña, Joaquín Urrego et Juan Villa (2017) analysent les effets d'un programme dont la singularité réside précisément dans le fait qu'il n'a pas été conçu à des fins de démobilisation. Leur analyse porte sur Familias en Acción, un programme colombien de lutte contre la pauvreté reposant sur des transferts monétaires conditionnels. L'objectif de ce dispositif était d'apporter un soutien financier à des ménages vivant dans des villes de taille modeste et en situation de pauvreté extrême, à condition que les familles scolarisent leurs enfants et assurent leur suivi médical. En 2005, le programme couvrait déjà 645 000 ménages et concernait plus de 1 million d'enfants. Si ses effets positifs sur la santé et l'éducation ont été largement documentés par la littérature, aucun travail n'avait, jusqu'à cette étude, exploré ses conséquences sur la dynamique des conflits armés, en particulier sur les comportements de démobilisation. Les auteurs mettent en évidence un effet positif du programme sur la démobilisation. Ces résultats s'expliquent principalement par le comportement des membres des groupes paramilitaires d'extrême droite, dont l'engagement reposait moins sur une adhésion idéologique profonde que sur des considérations économiques, les rendant de ce fait plus réceptifs aux incitations offertes par ce type de programme. Les auteurs montrent par ailleurs que cet effet ne se limite pas au court terme : l'impact sur la démobilisation se maintient au-delà de trois années.

L'un des enjeux majeurs de la démobilisation réside dans la capacité d'un État, d'une société, voire d'une communauté locale à réintégrer les anciens combattants, en particulier ceux dont le profil est marqué par une forte propension à la violence ou une adhésion initiale prononcée à la cause du groupe armé. C'est précisément l'objet du travail de Chris Blattman et Jeannie Annan (2016), qui évaluent un programme combinant formation agricole, dotation en capital et accompagnement psychosocial spécifiquement destiné à d'anciens combattants libériens impliqués dans des activités illégales, telles que l'exploitation minière artisanale ou l'occupation non autorisée de plantations d'hévéas. L'évaluation d'un tel programme revêt une importance singulière, tant les récits abondent sur d'ex-combattants en échec de réinsertion, retournant vers les groupes armés et contribuant ainsi à entretenir le cycle vicieux de la violence, de la criminalité et de l'économie illégale. Avec le concours de l'ONG Action on Armed Violence (AOAV), plus de 1 000 hommes à risque ont été recrutés, dont la moitié aléatoirement intégrés au programme. Près des trois quarts de ces derniers l'ont mené à terme. Quatorze mois après le lancement de l'intervention, même les individus les plus exposés manifestaient un intérêt prononcé pour la formation agricole. Plus de 20 % d'entre eux avaient partiellement abandonné leurs activités d'extraction illégale de ressources au profit du secteur agricole légal. Aucun n'a toutefois entièrement renoncé aux activités illicites : ils ont, en réalité, réajusté la composition de leur portefeuille d'activités, ce qui s'est traduit par un gain économique non négligeable, environ 12 dollars par mois en moyenne par rapport aux participants n'ayant pas bénéficié du programme. En revanche, l'évaluation ne met pas en évidence d'effets significatifs sur l'intégration sociale, la restructuration des réseaux ou les attitudes à l'égard de la violence ou de la démocratie. Certains résultats suggèrent néanmoins une légère baisse de l'attractivité d'un éventuel enrôlement futur. Les auteurs avancent que les effets positifs observés s'expliquent en partie par les perspectives économiques ouvertes par le programme. À moyen terme, l'absence d'effets sur l'intégration politique et sociale suggère que l'assistance économique seule ne peut pas permettre une réintégration totale des hommes les plus à risques.

8

Des digues contre la guerre : assurer et éduquer

La conclusion générale sur le rôle des politiques publiques commence à se dessiner, lentement mais sûrement. Elle ne saurait toutefois être complète sans un aperçu des effets d'autres instruments publics, notamment ceux relatifs aux mécanismes d'assurance visant à atténuer les variations individuelles de revenu et à l'éducation.

Les travaux portant sur les mécanismes d'assurance sont sans doute les plus proches de ceux consacrés aux transferts monétaires, à la différence près qu'ils se concentrent sur des dispositifs explicitement conçus pour atténuer les fortes variations de revenu, notamment à la baisse, susceptibles de fragiliser à l'extrême les individus ou les ménages déjà les plus pauvres. Thiemo Fetzer (2020) évalue dans quelle mesure des politiques d'assurance sociale bien conçues renforcent la stabilité et la résilience des sociétés, en particulier lorsque celles-ci sont confrontées à des chocs tels que des événements climatiques extrêmes, et ainsi agir, de manière indirecte mais puissante, comme levier de réduction des dynamiques conflictuelles. Pour ce faire, il étudie l'impact qu'a eu l'introduction, en 2006, en Inde, de la

Loi nationale de garantie de l'emploi rural, qui accorde un droit légal à cent jours de travail public par an, rémunérés au salaire minimum. Ce programme cible avant tout les individus disposant de faibles alternatives professionnelles, notamment en période de difficultés économiques. Pour donner une idée de son ampleur : en 2011-2012, il concernait près de 50 millions de foyers ruraux, générant plus de 2 milliards de journées de travail. Ses résultats se déclinent en trois points principaux. Tout d'abord, il montre qu'avant la mise en place du programme les mauvaises moussons entraînaient une baisse des salaires et de production agricole, et que ces pertes étaient corrélées à une intensification des violences. Ensuite, il établit que ce lien entre faibles précipitations et revenu s'atténue nettement après l'introduction du programme, au point de devenir quasi nul pour les travailleurs agricoles les moins qualifiés, confirmant ainsi l'efficacité protectrice du dispositif. Enfin, il observe que l'association entre déficit de pluie et conflit disparaît totalement après la mise en œuvre du programme. Une bonne nouvelle, certes… mais qu'il convient de nuancer et de contextualiser. La mise en œuvre d'un tel programme, ambitieux tant par son ampleur que par ses objectifs, exige une capacité étatique solide pour en assurer le déploiement et le suivi. Ce que l'Inde a su réaliser, peu de pays fragiles, à faible revenu, souvent en proie à des conflits, peuvent aujourd'hui l'envisager. Cela limite d'emblée les perspectives de transposition à d'autres contextes. Néanmoins, cette expérience ouvre une voie précieuse, qui fait écho à nos propres travaux avec Veronica Preotu Petrencu, Dominic Rohner et Mathias Thoenig (2019), montrant que les effets persistants de l'exposition à la violence dans la jeunesse peuvent s'atténuer dès lors que des opportunités d'emploi sont offertes aux individus.

Kai Gehring et Paul Schaudt (2024) proposent une analyse rigoureuse d'un programme d'assurance pour le bétail au Kenya, et de la manière dont ce dernier tend à atténuer le lien entre sécheresse et violence, dans un contexte de tensions récurrentes entre pasteurs nomades et agriculteurs sédentaires. Si l'évaluation de politiques d'assurance n'est pas en soi une nouveauté, le contexte kenyan et le mécanisme étudié sont ici particulièrement riches en enseignements. La plupart des systèmes d'assurance traditionnels, notamment dans les pays à faible capacité étatique, se heurtent à deux écueils majeurs : des coûts de suivi élevés et des délais de paiement trop longs. Le programme analysé surmonte ces obstacles en s'appuyant sur la télédétection, autrement dit des données satellitaires, pour déclencher automatiquement des versements préventifs dès qu'un seuil de sécheresse prédéfini est franchi. Au Kenya, où la population pastorale représente près de 9 millions de personnes (sur 53 millions d'habitants), les épisodes de sécheresse poussent les pasteurs à quitter leurs pâturages traditionnels pour chercher de nouvelles terres, augmentant significativement le risque de conflit. En temps normal, les tensions restent souvent contenues grâce à des mécanismes communautaires de médiation. Mais en période de crise, les migrations forcées traversent des zones agricoles, urbaines ou protégées, où les risques d'escalade sont nettement plus élevés. Dans ce contexte, l'assurance indexée sur la sécheresse constitue un outil prometteur : en sécurisant une partie des revenus pastoraux, elle réduit les incitations au déplacement et, ce faisant, limite les frictions territoriales.

Et cela fonctionne : les données montrent que les zones couvertes par ce mécanisme sont nettement moins sensibles à la corrélation entre chocs climatiques et violence.

À de nombreuses reprises, mon propos a relevé le rôle crucial de l'enfance et de l'éducation, dans une compréhension fine des conséquences pour les enfants de l'exposition à la guerre comme de la reconstruction une fois la paix installée. De Nelson Mandela (« L'éducation est l'arme la plus puissante qu'on puisse utiliser pour changer le monde ») à Kofi Annan (« L'éducation, c'est tout simplement la construction de la paix sous un autre nom. C'est la forme de dépenses militaires la plus efficace qui soit »), à la militante pakistanaise Malala Yousafzai (« Un enfant, un enseignant, un livre, un stylo peuvent changer le monde ») ou encore Maria Montessori (« Prévenir les conflits est le travail de la politique ; instaurer la paix est celui de l'éducation »), tous s'accordent sur la place centrale de l'éducation. Les attaques répétées de groupes armés contre des écoles – de l'enlèvement des 276 lycéennes de Chibok par Boko Haram à l'assaut de l'école militaire de Peshawar par les talibans pakistanais qui fit 132 morts, en passant par les violences ciblées contre les écoles de filles en Afghanistan ou les 400 attaques recensées en RDC entre 2016 et 2018 par la LRA – montrent à quel point les établissements scolaires sont des lieux stratégiques. Autrement dit, les groupes armés eux-mêmes reconnaissent le pouvoir politique et symbolique de l'école. Du point de vue des causes de conflit, l'éducation constitue pourtant un levier puissant de prévention. Elle élève d'abord le coût d'opportunité de la violence, en ouvrant des perspectives professionnelles qui rendent l'engagement armé moins attractif. Elle permet aussi de transmettre des valeurs, notamment de tolérance et de reconnaissance de l'altérité, particulièrement cruciales dans les contextes marqués par des clivages identitaires profonds. Enfin, l'éducation façonne le capital humain, un actif mobile, personnel, et moins appropriable qu'une ressource naturelle, donc moins susceptible de devenir l'objet d'un conflit. Cela dit, il ne faut pas idéaliser : le contenu enseigné a lui aussi ses ambivalences. S'il est instrumentalisé pour marginaliser certains groupes ou diffuser des discours clivants, il peut au contraire attiser les frustrations et nourrir les tensions. La science économique regorge de travaux qui identifient les effets de l'éducation et du capital humain sur différents comportements individuels que l'on peut rattacher, de façon indirecte, à la question du conflit. Ainsi, la littérature s'accorde sur le fait que l'impact de l'éducation dépend largement de son contenu, des méthodes pédagogiques employées et de la formation du corps enseignant. Dans certains contextes, les programmes scolaires renforcent le nationalisme ou accroissent l'adhésion à l'autorité, tandis que d'autres tendent à favoriser la tolérance religieuse, le rejet du racisme et l'ouverture à la diversité. Alors que les effets de l'éducation sur la mobilisation politique demeurent ambivalents, ses effets sur les comportements violents suggèrent une diminution de la propension individuelle à commettre des actes criminels ou à rejoindre des groupes armés, même si certaines organisations militantes recrutent des individus relativement éduqués. Enfin, l'éducation favorise globalement l'éveil civique, l'acquisition de connaissances politiques, le soutien aux libertés fondamentales et le rejet des violences domestiques ou autoritaires. De façon étonnante, à ma connaissance, un seul article aborde de manière rigoureuse l'effet causal de l'éducation sur le conflit : celui de Dominic Rohner et Alessandro Saia (2020). Cette rareté s'explique moins par un désintérêt de la communauté scientifique que par la difficulté de réunir les conditions propices à une analyse causale crédible. Pour estimer ce lien, les auteurs se replongent dans l'Indonésie du milieu des années 1970, où plus de 60 000 écoles primaires furent construites entre 1974 et 1978, cela doublant leur nombre à l'échelle nationale. L'effet sur la dynamique de la violence est substantiel : ils observent une baisse significative des conflits dans les districts ayant vu s'ouvrir ces nouvelles écoles, un effet dont l'intensité augmente avec le temps. Concrètement, la construction de 1,25 école pour 1 000 enfants réduit d'environ un quart la probabilité de conflit. Fait particulièrement intéressant, cet effet est plus marqué dans les zones caractérisées par une forte polarisation religieuse, ce qui semble s'expliquer par une amélioration de la confiance interreligieuse et une hausse de la tolérance, sans changement significatif dans la religiosité même. Enfin, ils montrent que si les individus deviennent moins enclins à recourir à la violence, cela ne les détourne pas pour autant d'une participation à des formes d'action collective locale.

9

L’argent des groupes armés : nerf de la guerre, cœur du problème

Parmi les différents fils que je déroule depuis le début de cet ouvrage, l’un revient avec insistance : le financement des groupes armés, véritable nerf de la guerre. Quelles politiques publiques permettraient d’enrayer ou de limiter ces flux financiers ? Si la question est d’une importance stratégique majeure, les réponses à y apporter sont loin d’être évidentes. D’abord, les sources de financement des groupes armés sont multiples : ressources naturelles, économie illégale et criminelle, extorsion, capture de l’aide, mais aussi contribution volontaire de certaines communautés, motivées par des affinités idéologiques ou un besoin de protection. Qu’il s’agisse d’exemples historiques ou d’évaluations scientifiques, un consensus émerge : les groupes armés ne reposent jamais sur une unique source de financement, mais cherchent au contraire à diversifier leurs revenus. Cette stratégie de diversification, parfaitement rationnelle d’un point de vue économique, pose en revanche un défi redoutable aux décideurs. Elle complique la mise en place de politiques ciblées, en rendant les capacités financières des groupes plus résilientes et adaptables aux mesures de répression.

Parmi les politiques les plus développées pour limiter la capacité des groupes armés à se financer figure la mise en place d'initiatives internationales visant à promouvoir une plus grande traçabilité des minerais et une transparence accrue du secteur extractif. Si ces politiques ont connu un tel essor, c'est autant grâce à la mobilisation de la société civile, choquée par la révélation de ce qui serait bientôt qualifié de « diamants de sang », qu'en raison de leur coût relativement modeste, surtout au regard d'autres types d'interventions discutés précédemment. Plusieurs dispositifs ont vu le jour au cours des deux dernières décennies en imposant des mécanismes de certification, de transparence et de diligence raisonnable. Le plus ancien, et sans doute le plus emblématique, est le processus de Kimberley, lancé en 2003, qui vise à empêcher l'exportation de diamants bruts utilisés pour financer des conflits armés. Fondé sur un système de certificats garantissant l'origine non conflictuelle des diamants, il a inspiré d'autres initiatives dans le secteur minier. Aux États-Unis, la section 1502 de la loi Dodd-Frank (2010) impose aux entreprises cotées en Bourse de déclarer si leurs produits contiennent des minerais liés au conflit (coltan, étain, tungstène et or) faisant rage en République démocratique du Congo ou chez ses voisins, et de détailler les mesures prises pour s'assurer que leur approvisionnement ne finance pas de groupes armés. À l'échelle régionale, la Conférence internationale sur la région des Grands Lacs a mis en place le Régime régional de certification des minerais (ICGLR, Mineral Certification Scheme), un dispositif juridiquement contraignant pour les États membres, qui vise à certifier l'origine des minerais extraits dans la région. Ce régime s'appuie sur des audits indépendants, des inspections des sites miniers et des chaînes d'approvisionnement, ainsi que sur un système d'étiquetage physique des lots de minerai. Enfin, à une échelle plus large, l'Initiative pour la transparence dans les industries extractives (Extractive Industries Transparency Initiative, EITI), lancée en 2003, encourage les États producteurs à publier les revenus issus des industries extractives, et à les comparer avec les déclarations des entreprises, afin de réduire les risques de corruption, de détournement et, indirectement, de financement illicite d'acteurs violents. L'idée est louable certes, mais qu'en est-il de ses effets concrets ?

À la toute fin de l'article coécrit avec Nicolas Berman, Dominic Rohner et Mathias Thoenig (2017) sur la contribution des ressources minières à la conflictualité sur le continent africain, nous évaluons l'impact de l'Initiative pour la transparence dans les industries extractives (EITI) et du Régime régional de certification des minerais de la CIRGL sur le lien entre les prix des ressources minières et la violence. Les résultats sont, pour le moins, peu concluants : la sensibilité de la violence aux fluctuations des prix des minerais ne semble pas être affectée par la mise en œuvre de ces politiques. Il convient toutefois d'interpréter ces résultats avec prudence. Une large majorité de ces initiatives ont été mises en place seulement quatre ou cinq ans avant la fin de notre période d'analyse, ce qui limite leur potentiel d'impact observable. On ne peut donc pas exclure que l'absence d'effets significatifs relève en partie d'un problème de puissance statistique, mais aussi du manque de recul temporel suffisant pour en évaluer pleinement les effets. Nik

Stoop, Marijke Verpoorten et Peter van der Windt (2018) évaluent les effets de l'introduction de la section 1502 de la loi Dodd-Frank, adoptée en 2010, sur la dynamique de violence en République démocratique du Congo. Bien que leur analyse repose sur une profondeur temporelle plus importante, leurs résultats confirment les premières évaluations de cette politique : ses effets paraissent contre-productifs. Dans les régions riches en or, l'adoption du Dodd-Frank s'est accompagnée d'une hausse significative de la violence : les affrontements armés et les pillages y ont augmenté de près de 50 %, et les violences contre les civils de près d'un tiers, par rapport à la période précédant la loi. En revanche, dans les zones productrices de coltan, d'étain et de tungstène (les minerais dits « 3T »), les auteurs n'observent pas d'augmentation de la violence, mais plutôt une diminution des pillages, qui sera confirmée par un article de Bok Baik et ses coauteurs (2024). Ce déplacement de la violence vers les régions aurifères, bien que l'or soit également concerné par la section 1502, s'explique relativement aisément. Les filières de production des 3T ont subi un choc de demande massif, entraînant une chute brutale de l'activité. À l'inverse, le secteur aurifère, plus informel, difficile à tracer et moins soumis aux mécanismes de certification, est resté en grande partie à l'écart des contraintes réglementaires. Ce différentiel a incité à la fois les mineurs artisanaux, en quête de débouchés, et les groupes armés, en quête de rentes, à se redéployer vers les sites aurifères. Cette concentration soudaine d'acteurs a intensifié la compétition, accru les tensions locales et nourri les dynamiques d'insécurité. Ainsi, une politique initialement conçue pour assécher les ressources financières des groupes armés a, de manière paradoxale, contribué à renforcer la conflictualité dans certaines régions. Par ailleurs, de nombreux rapports mentionnent que des groupes armés, consécutivement à la régulation américaine, se sont détournés des 3T pour s'orienter vers le commerce de charbon, d'huile de palme ou encore de cannabis. Ninon Moreau-Kastler (2025), dans un article récent, renforce encore le constat d'un échec de ces politiques. Elle montre que la mise en place d'un devoir de vigilance pour les entreprises états-uniennes sur les conflits concernant les minerais issus de la région ciblée – devoir entraînant une hausse des coûts de conformité – a conduit à une chute de 72 % des exportations de 3T (étain, tantale, tungstène) depuis la République démocratique du Congo et ses voisins. Toutefois, cette contrainte a également déclenché une dynamique marquée d'évitement réglementaire : 38 % des flux commerciaux ont été détournés vers des paradis juridiques, qu'elle définit comme « juridictions dont les lois permettent d'échapper aux réglementations liées à l'activité économique dans un pays d'origine », qui réexportent ensuite vers les chaînes de valeur des entreprises soumises à la loi. Ces juridictions bénéficient de prix plus bas, sans supporter les exigences réglementaires imposées par la loi états-unienne. Si cette diversion atténue partiellement le choc commercial pour les pays ciblés, elle pose une question fondamentale sur l'efficacité réelle de la législation quant à son objectif premier : réduire la violence dans les zones d'extraction.

Une part importante du financement des groupes armés repose sur des activités générant des liquidités, souvent sous forme de billets, bien plus difficiles à tracer que des transactions passant par les circuits bancaires traditionnels. Partant de ce constat, Nathalie Monnet et Edoardo

Chiarotti (2020) évaluent une politique publique visant à réduire la masse monétaire en circulation, officiellement destinée à lutter contre la corruption et la criminalité, et montrent que cette mesure peut également, de manière indirecte, diminuer les ressources financières des groupes armés. Les chercheurs exploitent pour cela une décision complètement inattendue prise par le Premier ministre indien le 8 novembre 2016, annoncée après la fermeture des banques, de démonétiser immédiatement et sans préavis les billets de 500 et 1 000 roupies, soit 86 % de la monnaie en circulation. Après cette annonce, de nouveaux billets de 500 et 2 000 roupies furent introduits, tandis que les anciens pouvaient être déposés en banque jusqu'au 30 décembre. Du jour au lendemain, de nombreux groupes armés, notamment les insurgés maoïstes, se sont ainsi retrouvés en possession de liquidités, des millions de dollars, désormais sans valeur, impossibles à convertir via le système bancaire légal, étroitement surveillé pour l'occasion. La mesure a donc entraîné un choc de revenu particulièrement abrupt et potentiellement déstabilisant pour ces acteurs. Nathalie Monnet et Edoardo Chiarotti estiment qu'à la suite de cette politique les districts les plus touchés par la démonétisation ont connu une baisse des violences les plus graves, mais une hausse des actes de pillage, suggérant un effet d'appropriation opportuniste. Parallèlement, le nombre total de morts a augmenté, uniquement en raison d'une hausse des pertes parmi les insurgés, sans effet sur les civils et avec une baisse du côté des forces de l'ordre. Ils interprètent ce résultat à l'aune de la théorie « des cœurs et des esprits » : la perte de ressources pour les groupes armés aurait renforcé l'efficacité de la répression policière grâce à un soutien accru des populations locales. Par ailleurs, ils montrent que la politique a significativement augmenté la reddition de combattants maoïstes dans les districts les plus touchés par le choc monétaire. Les auteurs expliquent ce résultat par un effet de coût d'opportunité : la perte de liquidités, combinée à l'existence de programmes de réhabilitation, a rendu l'abandon de la lutte armée plus attractif. Même si la transposition de ce type de politique à d'autres contextes paraît peu évidente, car elle repose, une fois encore, sur une capacité étatique forte dont peu de pays en conflit disposent, elle montre qu'il est possible de concevoir des politiques ambitieuses et ingénieuses ciblant les ressources financières des groupes armés, et que celles-ci peuvent s'avérer efficaces.

Dans mon analyse sur les gagnants aux conflits, j'ai évoqué le cas d'entreprises tirant profit d'un contexte de violence, en versant des sommes à des groupes armés pour maintenir leur activité productive, ou en leur achetant une forme de protection. Le rôle des autorités publiques pour enrayer ce canal de financement est évidemment central, mais sa mise en œuvre se heurte à une difficulté majeure : l'opacité structurelle qui entoure ce type de relation. Les rares cas révélés, comme celui de Lafarge, ne l'ont été qu'au prix d'un travail minutieux de journalistes d'investigation et grâce à des fuites internes. Il est probable que ces affaires médiatisées ne représentent qu'une fraction du phénomène. À ma connaissance, aucun article scientifique n'a pu mesurer empiriquement l'ampleur de ce canal de financement, l'absence de données fiables constituant un obstacle majeur, et venant confirmer, en creux, le poids de cette opacité.

10

Le pouvoir des récits : médias et comportement stratégique en temps de guerre

> « Les médias sont l'entité
> la plus puissante sur terre.
> Ils ont le pouvoir de faire passer l'innocent
> pour coupable et le coupable pour innocent…
> parce qu'ils contrôlent l'esprit des masses. »
>
> Malcom X

Qu'il s'agisse du rôle de l'information, ou plus précisément de sa distorsion, dans le déclenchement de la violence, ou de l'efficacité de la radio comme vecteur de message encourageant la défection traitée par Alex Armand et ses coauteurs (2020), ou encore du rôle joué par certains journalistes dans la mise au jour des liens entre entreprises et groupes armés, un acteur essentiel reste jusqu'ici en retrait de mon analyse : les médias. Pourtant, la littérature abondante en économie des médias a largement souligné le rôle central de ces derniers, tant comme déclencheurs ou catalyseurs de la violence, que comme instruments de coordination ou vecteurs potentiels de réconciliation. Loin de moi l'ambition d'en proposer une synthèse exhaustive ;

j'ai plutôt celle de mettre en lumière quelques conclusions de travaux académiques qui trouvent naturellement leur place dans la projection sur les politiques mobilisables aux différentes étapes d'un conflit armé.

Dans un article désormais incontournable sur les liens entre médias et violence, David Yanagizawa-Drott (2014) évalue l'impact de la tristement célèbre Radio-Télévision libre des Mille Collines sur l'intensité du génocide de 1994 au Rwanda. Lancée à l'été 1993, cette radio prétendument privée, mais en réalité étroitement liée au gouvernement et financée quasi exclusivement par des cercles hutus radicaux, cesse d'émettre à la fin de juillet 1994. Avant même le début du génocide, le 6 avril 1994, elle diffuse des messages attisant la frustration et la haine des Hutus envers les Tutsis, dans un ton volontairement accessible, visant notamment à séduire les jeunes. Ce travail de propagande s'étend jusque dans les chansons diffusées à l'antenne, dont les paroles reprennent des éléments de discours nationaliste appelant à une union sacrée contre les Tutsis. Dès l'annonce, le soir du 6 avril, de l'attentat contre l'avion transportant le président Habyarimana, un Hutu, et le président burundais, des appels explicites à la violence sont lancés à l'antenne. À 21 heures, soit moins d'une heure après le crash, la radio diffuse une première liste de personnes, appelant explicitement à les tuer. Pendant les trois mois du génocide, la radio ne cesse de galvaniser les tueurs, banalisant l'innommable dans un ton souvent sarcastique et décomplexé. Si les témoignages sont nombreux, glaçants, et sans équivoque quant au rôle central de cette station dans la mécanique génocidaire, le mérite de David Yanagizawa-Drott est de proposer une évaluation rigoureuse de sa contribution causale à l'intensification des massacres. Il montre que, dans les villages couverts par la radio, la participation aux massacres ainsi que le niveau de violence furent significativement plus élevés, des effets d'autant plus marqués dans les zones où la population était majoritairement illettrée ou faiblement éduquée. Dans les villages non couverts par le signal radio, il observe également une intensification de la violence dès lors que les localités avoisinantes étaient, elles, exposées à la radio, suggérant un effet de diffusion spatiale par le biais des interactions sociales. En tenant compte à la fois des effets directs et indirects, il estime que la radio aurait contribué à environ 10 % de la violence totale perpétrée durant le génocide.

Dans un contexte et avec une approche scientifique radicalement différents, Ruben Durante et Ekaterina Zhuravskaya (2018) mettent également en évidence l'importance des médias en période de conflit. Leur objectif est d'estimer dans quelle mesure la décision de lancer une opération militaire, notamment lorsqu'elle est risquée et susceptible d'avoir des conséquences humaines importantes pour les populations locales, est influencée par l'agenda médiatique. Pour ce faire, ils s'intéressent au conflit israélo-palestinien, à la fois en raison de l'attention médiatique internationale soutenue qu'il suscite depuis plusieurs décennies, mais aussi parce qu'Israël déploie depuis les années 1970 des efforts considérables pour se façonner une image positive sur la scène internationale. Les auteurs observent ainsi, sur la période 2000-2011, que les belligérants ajustent leur stratégie militaire à l'agenda médiatique états-unien. Ils estiment au jour le jour la probabilité et l'intensité d'attaques militaires israéliennes en Cisjordanie et dans la bande de Gaza, ainsi que celles menées par des groupes armés palestiniens sur le territoire israélien. Leur analyse repose sur un indicateur de pression médiatique aux États-Unis, défini comme la survenue d'événements politiques ou sportifs majeurs, sans lien direct avec le conflit, mais suffisamment prévisibles pour capter l'attention des médias et détourner l'intérêt de l'opinion publique américaine du conflit. Leur analyse révèle que la probabilité d'attaques militaires par les forces israéliennes ainsi que le nombre de victimes associées sont significativement plus élevés lorsque la pression médiatique états-unienne est forte, rendant moins probable une couverture médiatique négative. Cet ajustement stratégique ne concerne d'ailleurs que les opérations les plus sensibles : celles menées dans des zones densément peuplées, où le risque de pertes civiles est de fait élevé mais dont le report ne représente pas de coût stratégique majeur. En revanche, aucune preuve n'indique que les groupes armés palestiniens synchronisent leurs attaques en fonction de cette pression médiatique. L'absence d'effet sur la stratégie des groupes palestiniens s'expliquerait, selon les auteurs, par des incitations ambivalentes : si la médiatisation d'une attaque peut nuire à leur cause en renforçant le soutien de l'opinion publique états-unienne à Israël, elle peut aussi renforcer leur soutien régional, faciliter le recrutement et attirer des financements internationaux.

L'histoire regorge d'exemples illustrant le rôle central des narratifs médiatiques dans la formation des croyances individuelles, contribuant ainsi à structurer les convictions politiques et socio-économiques. La couverture récente de la guerre menée par la Russie en Ukraine, comme celle de la tragédie en cours à Gaza, rappelle avec force combien les opinions publiques à travers le monde sont façonnées par le traitement médiatique de ces événements. Dans une étude récente, Sophie Hatte, Étienne Madinier et Ekaterina Zhuravskaya (2025) s'attaquent à une question cruciale : dans quelle mesure l'essor des réseaux sociaux a-t-il transformé la couverture médiatique des conflits armés ? Avant l'émergence de ces plateformes, et compte tenu des risques encourus par les journalistes dans les zones de guerre, la majorité des informations relayées provenaient de sources officielles, notamment les gouvernements ou les forces militaires impliquées. Désormais, les journalistes s'appuient de plus en plus sur le contenu généré et diffusé par la population civile elle-même, directement exposée aux violences. Se pose alors la question de savoir dans quelle mesure cette nouvelle source d'information a modifié la couverture des conflits, mais aussi l'image que les citoyens s'en font. Pour y répondre, Sophie Hatte, Étienne Madinier et Ekaterina Zhuravskaya exploitent plus de 20 000 émissions et reportages télévisés américains couvrant le conflit et 7 millions de tweets postés entre 2009 et 2019 de la zone de conflit, afin d'évaluer comment cette transformation informationnelle a influencé le comportement des médias traditionnels dans leur traitement du conflit israélo-palestinien. Les auteurs montrent que les réseaux sociaux influencent fortement la couverture, que cela soit le volume, l'orientation, le contenu ou encore la qualité de l'information. Ainsi, la couverture des médias traditionnels états-uniens se montre plus favorable au camp enregistrant le plus de pertes humaines, met davantage l'accent sur les souffrances civiles, et accorde moins d'attention aux considérations de politique étrangère ou électorale. La place plus importante accordée aux témoignages et aux récits issus des populations vivant en zone de guerre contribue à une couverture plus incarnée, marquée par une humanisation plus forte de la violence. Elle soulève néanmoins de nombreuses interrogations quant à ses effets sur la perception des sociétés éloignées du conflit, et sur les conséquences politiques et socio-économiques qui peuvent en découler.

Si j'ai présenté plusieurs travaux soulignant le rôle des médias dans la genèse, la temporalité et la couverture des conflits, il me semble tout aussi essentiel d'évoquer le travail d'Arthur Blouin et Sharun Mukand (2019), qui proposent une perspective originale sur l'usage de la propagande dans un contexte de post-conflit, en particulier pour favoriser une évolution des attitudes interethniques. Les auteurs s'inscrivent dans le contexte rwandais, déjà abordé à plusieurs reprises dans ce livre, et s'intéressent à l'impact de l'exposition à Radio Rwanda, principal vecteur d'une des priorités affichées du gouvernement rwandais : la construction d'une identité rwandaise inclusive, destinée à supplanter les affiliations ethniques. Si la radio nationale n'a pas été l'unique instrument mobilisé à cette fin, les auteurs parviennent à isoler son effet spécifique en s'appuyant sur des enquêtes et des expériences de laboratoire sur le terrain, menées auprès de 438 participants dans 52 villages du Rwanda rural. Ils montrent que l'exposition à la propagande gouvernementale diffusée par Radio Rwanda est associée à une moindre saillance de l'identité ethnique, à une confiance interethnique accrue et à une plus grande disposition à interagir directement avec des membres d'un autre groupe. Ces effets ne semblent pas superficiels, traduisant une transformation plus profonde des attitudes interethniques.

Afin de conclure sur le lien entre les médias et les conflits, il serait impossible de ne pas mentionner les nombreux travaux de Hannes Mueller, engagé depuis plusieurs années dans la prédiction des conflits. Comme cela a été souligné à plusieurs reprises au fil de ces pages, la problématique de la prévention est centrale, de même que la nature et le bon calibrage temporel des interventions, en particulier dans la perspective d'enrayer la mécanique implacable de l'escalade de la violence. Hannes Mueller et ses coauteurs (2023) combinent intelligence artificielle, articles de presse, et modélisation économique pour orienter l'action préventive. Ils développent un premier module de prévision qui mobilise des techniques d'apprentissage automatique appliquées à des millions d'articles de presse pour prédire, avec douze mois d'avance, le déclenchement et l'intensité de conflits armés. Puis ils proposent un module d'aide à la décision, fondé sur la programmation dynamique, une méthode largement utilisée en économie pour résoudre des problèmes complexes de décision dans le temps, simulant différents scénarios d'intervention en fonction des risques anticipés. Ce type d'approche, qui s'appuie sur les informations relayées dans les médias traditionnels et sur les réseaux sociaux, ouvre des perspectives prometteuses pour la prévention des conflits, en articulant prévision fine et planification stratégique.

Conclusion

« Le savoir, c'est le pouvoir.
L'information est libératrice.
L'éducation est le fondement du progrès,
dans toute société, dans chaque famille.[1] »

Kofi Annan, 22 juin 1997

« Ce que le monde social a fait,
le monde social peut,
armé de ce savoir, le défaire. »

Pierre Bourdieu, 1993

Ce livre se veut une tentative, nécessairement non exhaustive, de présenter un état des lieux de ce que la recherche académique, en particulier en économie, nous apprend sur les mécanismes profonds de la violence collective. Mon ambition est que le lecteur, en tant que citoyen, puisse y puiser quelques clés de compréhension théoriques et empiriques des dynamiques de conflit. Au fil des chapitres, j'ai tenté de proposer une

1. « *Knowledge is power. Information is liberating. Education is the premise of progress, in every society, in every family.* » Traduction de l'auteur.

lecture personnelle de plusieurs années de travaux en économie, en exposant les apports, les forces, mais aussi sans passer sous silence les limites et les angles morts. Il m'a également semblé essentiel d'ancrer ces analyses dans des exemples concrets, susceptibles de rendre plus tangibles, et peut-être plus accessibles, les intuitions, les mécanismes, les données et les résultats empiriques, qui, bien que rigoureusement établis, peuvent parfois paraître abstraits à nombre de lecteurs.

Ce travail de vulgarisation, au sens le plus noble du terme, entendait, sans jamais sacrifier la rigueur scientifique qui fonde l'essence même du métier d'enseignant-chercheur, proposer une synthèse des acquis de la recherche économique autour d'un triptyque déterminants, coûts et politiques de la violence. Les facteurs que j'ai présentés, qu'il s'agisse des chocs économiques, de la présence de ressources naturelles, du rôle à la fois symbolique et économique de la terre, du fonctionnement des groupes armés ou encore de l'impact déjà significatif des chocs climatiques sur la nature et la dynamique spatio-temporelle des violences, ne sauraient évidemment être compris de manière isolée. Car les conflits sont, par essence, multifactoriels. Et l'on ne peut non plus les appréhender sans reconnaître que les guerres sont aussi faites de mémoire, de passions, de récits… et, souvent, de silences. Ma conviction profonde, en tant qu'enseignant-chercheur et citoyen, est qu'il est impossible de comprendre les déterminants des conflits sans saisir pleinement les multiples conséquences de la violence sur les acteurs concernés, au premier rang desquels les victimes, tout particulièrement les femmes et les enfants. Il s'agit aussi de comprendre comment la cohésion sociale se délite sous les coups de la violence, ou encore comment les entreprises, actrices centrales de toute reconstruction économique, sont elles aussi affectées, à travers des mécanismes complexes. Reconnaître enfin qu'il existe des « gagnants » de la violence permet de mettre en lumière les ambiguïtés profondes que charrient les conflits, et de repérer quelles incitations peuvent en prolonger la dynamique. Finalement, l'analyse ne saurait être complète sans une présentation de l'évaluation des politiques publiques mises en œuvre aux différentes étapes du cycle de la violence. Les échecs, ou l'efficacité limitée de certaines initiatives, ne doivent pas nourrir le scepticisme quant à la possibilité de construire collectivement la paix, de façon durable, juste et respectueuse des citoyens. Ils doivent au contraire réaffirmer l'importance du savoir dans l'action publique, tout en rappelant que chaque conflit, chaque période, chaque société porte en soi une histoire et une culture singulières. Dès lors, une politique efficace dans un contexte ne l'est pas nécessairement dans un autre, cela soulignant, une fois encore, combien la connaissance est essentielle pour adapter au mieux l'action publique aux réalités de chaque terrain.

En cette période d'intensification des dépenses sécuritaires, consacrée par le sommet de La Haye de juin 2025, au cours duquel les 32 membres de l'OTAN se sont engagés à porter à 5 % du produit intérieur brut la part allouée chaque année au financement de la défense d'ici à 2035, cet ouvrage souligne une autre urgence : celle de renforcer le soutien à la recherche académique en sciences sociales et humaines sur les questions de la violence. Car si la connaissance et l'éducation seront toujours moins bruyantes, moins spectaculaires et moins redoutées que les armes, elles n'en sont pas moins essentielles pour sortir des cycles perpétuels de conflit les populations qui y sont enfermées. Mieux comprendre les dynamiques de la violence, c'est offrir les moyens d'y mettre un terme, et, peut-être, de redonner le droit de rêver à un monde pacifié.

Bibliographie

Ababsa, M. (2013), « Crise agraire, crise foncière et sécheresse en Syrie (2000-2011), *Maghreb-Machrek*, vol. 215, nº 1, p. 101-122.

Acemoglu, D., Robinson, J. A. et Santos, R. J. (2013), « The monopoly of violence : Evidence from Colombia », *Journal of the European Economic Association*, vol. 11 (suppl. 1), p. 5-44.

Akresh, R. et de Walque, D. (2008), « Armed conflict and schooling : evidence from the 1994 Rwandan genocide », *Policy Research Working Paper Series* 4606, Banque mondiale.

Akresh, R., Bhalotra, S., Leone, M. et Osili, U. O. (2012), « War and stature : Growing up during the Nigerian civil war », *American Economic Review*, vol. 102, nº 3, p. 273-277.

Alexandratos, N. (dir.) (1995), *World Agriculture : Towards 2010, an FAO Study*, J. Wiley and Sons/FAO.

Alfano, M. et Cornelissen, T. (n.d.), « Spatial spillovers of conflict in Somalia », Mimeo.

Amodio, F. et Di Maio, M. (2018), « Making do with what you have : Conflict, input misallocation and firm performance », *The Economic Journal*, vol. 128, nº 615, p. 2559-2612.

André, C. et Platteau, J.-P. (1998), « Land relations under unbearable stress : Rwanda caught in the Malthusian trap »,

Journal of Economic Behavior and Organization, vol. 34, n° 1, p. 1-47.

Arjona, A. (2016), « Rebelocracy : social order in the Colombian civil war », *Cambridge Studies in Comparative Politics.*

Arjona, A., Kasfir, N. et Mampilly Z. (2015), *Rebel Governance in Civil War*, Cambridge University Press.

Armand, A., Atwell, P. et Gomes, J. F. (2020), « The reach of radio : Ending civil conflict through rebel demobilization », *American Economic Review*, vol. 110, n° 5, p. 1395-1429.

Assouad, L. (2025), « Leadership and Nation building », Mimeo.

Banque mondiale (2025), *Fragility, conflict and violence.*

Banque mondiale (2025, February), *Gaza and West Bank Interim Rapid Damage and Needs Assessment (IRDNA).*

Banque mondiale (2024), *Minerals for Climate Action : The Mineral Intensity of the Clean Energy Transition 2024.*

Banque mondiale (2019), *State of the Artisanal and Small-Scale Mining Sector.*

Banque mondiale (2017), *The Growing Role of Minerals and Metals for a Low Carbon Future.*

Banque mondiale (2011), *Rapport sur le développement dans le monde 2011 : Conflits, sécurité et développement.*

Barnett, J. et Adger, W. N. (2007), « Climate change, human security and violent conflict », *Political Geography*, vol. 26, n° 6, p. 639-655.

Baten, J. et Schulz, R. (2005), « Making profits in wartime : Corporate profits, inequality, and GDP in Germany during the First World War », *The Economic History Review*, vol. 58, n° 1, p. 34-56.

Bauer, M., Blattman, C., Chytilová, J., Henrich, J., Miguel, E. et Mitts, T. (2016), « Can war foster cooperation ? », *Journal of Economic Perspectives*, vol. 30, n° 3, p. 249-274.

Becker, T., Eichengreen B., Gorodnichenko, Y., Guriev, S., Johnson, S., Mylovanov, T., Rogoff, K. et Weder di Mauro, B. (dir.) (2022), *A Blueprint for the Reconstruction of Ukraine*, CEPR Press.

Bellows, J. et Miguel, E. (2009), « War and local collective action in Sierra Leone », *Journal of Public Economics*, vol. 93, n° 11-12, p. 1144-1157.

Berman, N., Couttenier, M. et Soubeyran, R. (2021), « Fertile ground for conflict », *Journal of the European Economic Association*, vol. 19, n° 1, p. 82-127.

Berman, N., Couttenier, M., Rohner, D et Thoenig, M. (2017), « This mine is mine ! How minerals fuel conflicts in Africa », *American Economic Review*, vol. 107, n° 6, p. 1564-1610.

Blattman, C. et Annan, J. (2016), « Can employment reduce lawlessness and rebellion ? A field experiment with high-risk men in a fragile state », *American Political Science Review*, vol. 110, n° 1, p. 1-17.

Blattman, C. (2009), « From violence to voting : War and political participation in Uganda », *American Political Science Review*, vol. 103, n° 2, p. 231-247.

Blouin, A. et Mukand, S. W. (2019), « Erasing ethnicity ? Propaganda, nation building, and identity in Rwanda », *Journal of Political Economy*, vol. 127, n° 3.

Bohra-Mishra, P. et Massey, D. S. (2011), « Individual decisions to migrate during civil conflict », *Demography*, vol. 48, n° 2, p. 401-424.

Breckner, M. et Sunde, U. (2019), « Temperature extremes, global warming, and armed conflict : new insights from high-resolution data », *World Development*, vol. 123, 104624.

Burke, M., Hsiang, S. M et Miguel, E. (2015), « Global non-linear effect of temperature on economic production », *Nature*, vol. 527, p. 235-239.

Camacho, A. et Rodriguez, C. (2013), « Firm exit and armed conflict in Colombia », *Journal of Conflict Resolution*, vol. 57, n° 1, p. 89-116.

Cassar, A., Grosjean, P. et Whitt, S. (2013), « Legacies of violence : trust and market development », *Journal of Economic Growth*, vol. 18, n° 3, p. 285-318.

Chiarotti, E. et Monnet, N. (2020), « Hit them in the wallet ! An analysis of the Indian demonetization as a counterinsurgency policy », Mimeo.

Collier, P., Elliott, V. L., Hegre, H., Hoeffler, A., Reynal-Querol, M. et Sambanis, N. (2003), *Breaking the Conflict Trap : Civil War and Development Policy*, World Bank and Oxford University Press.

Conzo, P. et Salustri, F. (2019), « A war is forever : The long-run effects of early exposure to World War II on trust », *European Economic Review*, vol. 120, 103313.

Couttenier, M., Jedwab, R et Laugerette, L. (2025), « Groundwater, climate change and conflict : Empirical evidence from Africa », Mimeo.

Couttenier, M., Marcoux, J., Mayer, Th. et Thoenig, M. (2025), « The Gravity of violence : Embedding conflicts in quantitative spatial models. Working paper », Sciences Po Paris.

Couttenier, M., Monnet, N. et Piemontese, L. (2024), « The Economic Costs of Conflict : A Production Network Approach », Working Papers ; hal-04621803, HAL.

Couttenier, M., Petrencu, V., Rohner, D. et Thoenig, M. (2019), « The violent legacy of conflict : Evidence on asylum seekers, crime, and public policy in Switzerland », *American Economic Review*, vol. 109, n° 12, p. 4378-4425.

Crost, B., Felter, J. H. et Johnston, P. B. (2016), « Conditional cash transfers, civil conflict and insurgent influence : Experimental evidence from the Philippines », *Journal of Development Economics*, vol. 118, p. 171-182.

Crost, B., Felter, J. et Johnston, P. (2014), « Aid under fire : Development projects and civil conflict », *American Economic Review*, vol. 104, n° 6, p. 1833-1855.

Crozet, M. et Hinz, J. (2023, 7 décembre), « Blowback : The Effect of Sanctions on Democratic Elections », Mimeo.

Crozet, M., Hinz, J., Stammann, A et Wanner, J. (2021), « Worth the pain ? Firms' exporting behaviour to countries under sanctions », *European Economic Review*, vol. 134, 103683.

Crozet, M. et Hinz, J. (2020), « Friendly fire : The trade impact of the Russia sanctions and counter-sanctions », *Economic Policy*, vol. 35, n° 101, p. 97-146.

Dal Bó, E. et Dal Bó, P. (2011), « Workers, warriors, and criminals : Social conflict in general equilibrium », *Journal of European Economic Association*, vol. 9, n° 4.

De Roux, N. et Martinez, L. R. (2021), « Forgone investment : Civil conflict and agricultural credit in Colombia », *Documento CEDE*, vol. 22.

Desta, Y. (2009), « Does the EPLF (Eritrean People's Liberation Front) qualify to be a learning organization ? A modern systems theory perspective », *Journal of Organisational Transformation and Social Change*, vol. 6, n° 1, p. 5-28.

DiGiuseppe, M. et Haer, R. (2023), « The wedding bells of war : The influence of armed conflict on child marriages in West Africa », *Journal of Peace Research*, vol. 60, n° 3, p. 474-488.

Dimant, E., Krieger, T. et Meierrieks, D. (2024), « Paying them to hate US : The effect of US military aid on anti-American terrorism, 1968-2018 », *The Economic Journal*, vol. 134, n° 663, p. 2772-2802.

Dincecco, M., Fenske, J., Gupta, B. et Menon, A. (2025), « Conflict and the roots of gender norms in India », Mimeo.

Dube, O. et Naidu, S. (2015), « Bases, bullets, and ballots : The effect of US military aid on political conflict in Colombia », *The Journal of Politics*, vol. 77, n° 1.

Duflo, E. (2001), « Schooling and labor market consequences of school construction in Indonesia : Evidence from an unusual policy experiment », *American Economic Review*, vol. 91, n° 4, p. 795-813.

Durante, R. et Zhuravskaya, E. (2018), « US news and the Israeli-Palestinian conflict », *Journal of Political Economy*, vol. 126, n° 3.

Eberle, U. J., Rohner, D. et Thoenig, M. (2025), « Heat and hate : Climate security and farmer-herder conflicts in Africa », *Review of Economics and Statistics*, p. 1-47.

Faris, S. (2009), *Forecast : The Surprising and Immediate Consequences of Climate Change*, Holt and Company.

Fetzer, T. (2020), « Can workfare programs moderate conflict ? Evidence from India », *Journal of the European Economic Association*, vol. 18, n° 6, p. 3337-3375.

Fourati, M., Girard, V. et Laurent-Lucchetti, J. (2021), « Sexual violence as a weapon of war », *Universidade Nova de Lisboa, Faculdade de Economia, NOVAFRICA Technical Report.*

Freitag, M., Kijewski, S. et Oppold, M. (2019), « War experiences, economic grievances, and political participation in postwar societies : An empirical analysis of Kosovo », *Conflict Management and Peace Science*, vol. 36, n° 4, p. 405-424.

Gehring, K. et Schaudt, P. (2024), « Insuring peace : Index-based livestock insurance, droughts, and conflict », Mimeo.

Gold, R., Hinz, J. et Valsecchi, M. (2024), « To Russia with love ? The impact of sanctions on regime support », CESifo Working Paper No. 11033.

Grosjean, P., Masera, F. et Yousaf, H. (2023), « Inflammatory political campaigns and racial bias in policing », *The Quarterly Journal of Economics*, vol. 138, n° 1, p. 413-463.

Guidolin, M. et La Ferrara, E. (2007), « Diamonds are forever, wars are not : Is conflict bad for private firms ? », *American Economic Review*, vol. 97, n° 5, p. 1978-1993.

Harari, M. et Ferrara, E. L. (2018), « Conflict, climate, and cells : a disaggregated analysis », *Review of Economics and Statistics*, vol. 100, n° 4, p. 594-608.

Hatte, S., Madinier, É. et Zhuravskaya, E. (2025), « Conflict reporting in the Digital Age », Mimeo.

Herskowitz, S., Blumenstock, J. E., Ghani, T., Kapstein, E. B., Scherer, T. L. et Toomet, O. (2024), « Insecurity and firm displacement : Evidence from Afghan corporate phone records », *American Economic Journal : Economic Policy.*

Internal Displacement Monitoring Centre (IDMC) (2023), *2023 Global report on internal displacement (GRID)*, Internal Displacement Monitoring Centre.

Kijewski, S. et Freitag, M. (2018), « Civil war and the formation of social trust in Kosovo : Posttraumatic Growth or War-related Distress ? », *The Journal of Conflict Resolution*, vol. 62, n° 4, p. 717-742.

Korovkin, V. et Makarin, A. (2022), « Production networks and war : Evidence from Ukraine », Mimeo.

Ksoll, C., Macchiavello, R. et Morjaria, A. (2023), « Electoral violence and supply chain disruptions in Kenya's floriculture industry », *Review of Economics and Statistics*, vol. 105, n° 6, p. 1335-1351.

León, G. (2012), « Civil conflict and human capital accumulation : The long-term effects of political violence in Perú », *Journal of Human Resources*, vol. 47, n° 4, p. 991-1022.

Libassi, M. (2024), « Gold conflict and contested conduct : Large- and small-scale mining subjectivities in Indonesia », *Geoforum*, vol. 148.

Lilja, J. et Milante, G. (2023), « Mapping pathways for peace through the composition of official development assistance », SIPRI Working Paper.

Malaga, A., Rauh, C., Ruggieri, A. et Seimon, B. (n.d.), « Dynamic early warning and action model policy report », FCDO.

Mary, S. et Mishra, A. K. (2020), « Humanitarian food aid and civil conflict », *World Development*, vol. 126, 104713.

McGuirk, E. F. et Nunn, N. (2025), « Transhumant pastoralism, climate change, and conflict in Africa », *Review of Economic Studies*, vol. 92, n° 1, p. 404-441.

McGuirk, E. F. et Nunn, N. (2024), « Development mismatch ? Evidence from agricultural projects in pastoral Africa », Mimeo.

Moreau-Kastler, N. (2025), « No blood in my mobile : Regulating foreign suppliers », Mimeo.

Baik, B., Even-Tov, O., Han, R. et Park, D. (2024), « The real effects of supply chain transparency regulation : Evidence from Section 1502 of the Dodd-Frank Act », *Journal of Accounting Research*, vol. 62, n° 2.

Mueller, H., Diakonova, M., Molina, L., Perez, J. J. et Rauh, C. (2023), « Conflict, social unrest and policy uncertainty measures are useful for macroeconomic forecasting », Mimeo.

Mueller, H. F., Piemontese, L. et Tapsoba, A. (2017), « Recovery from conflict : Lessons of success », *World Bank Policy Research Paper*, 7970.

Nunn, N. et Qian, N. (2014), « US food aid and civil conflict », *American Economic Review*, vol. 104, n° 6, p. 1630-1666.

Olson, M. (1993), « Dictatorship, democracy, and development », *The American Political Science Review*, vol. 87, n° 3, p. 567-576.

Pena, P., Urrego, J. et Villa, J. M. (2017), « Civil conflict and conditional cash transfers : Effects on demobilization », *World Development*, vol. 99(C), p. 431-440.

Peters, P. E. (2004), « Inequality and social conflict over land in Africa », *Journal of Agrarian Change*, vol. 4, n° 3, p. 269-314.

Premand, P. et Rohner, D. (2024), « Cash and conflict : Large-scale experimental evidence from Niger », *American Economic Review : Insights*, vol. 6, p. 137-153.

Ra, S. et Singh, B. (2005), « Measuring the economic costs of conflict : The effect of declining development expenditures on Nepal's economic growth », NRM Working Paper No. 2), Asian Development Bank, Nepal Resident Mission.

Revkin, M. R. (2021), « Competitive governance and displacement decisions under rebel rule : Evidence from the Islamic State in Iraq », *Journal of Conflict Resolution*, vol. 65, n° 1, p. 46-80.

Ribar, M. K. (2025), « Feeding conflict ? New data on the impact of humanitarian food aid on civil conflict », *Journal of Global Security Studies*, vol. 10, n° 2.

Rigterink, A. S., Ghani, T., Lozano, J. S. et Shapiro, J. N. (2025), « Mining competition and violent conflict in Africa : Pitting against each other », *The Journal of Politics*, vol. 87, n° 1.

Rohner, D. (2024), « Mediation, military and money : The promises and pitfalls of outside interventions to end armed conflicts », *Journal of Economic Literature*, vol. 62, n° 1.

Rohner, D. et Saia, A. (2020), « Education and conflict : Evidence from a policy experiment in Indonesia », Mimeo.

Rohner, D., Thoenig, M. et Zilibotti, F. (2013), « Seeds of distrust : Conflict in Uganda », *Journal of Economic Growth*, vol. 18, p. 217-252

Save the Children International. (2025), *Stop the War on Children*, https://data.stopwaronchildren.org/

Schneider, J. M., Zabel, F. et Mauser, W. (2022), « Global inventory of suitable, cultivable and available cropland under different scenarios and policies », *Scientific Data*, vol. 9, n° 1, p. 527.

Sexton, R. (2016), « Aid as a tool against insurgency : Evidence from contested and controlled territory in Afghanistan », *American Political Science Review*, vol. 110, n° 4, p. 731-749.

Smith, D. (2010, 24 août), « Congo rebels "raped women and babies near UN base" », *The Guardian*.

Stewart, M. A. (2018), « Civil war as state-making : Strategic governance in civil war », *International Organization*, vol. 72, 1, p. 205-226.

Stoop, N. et Verpoorten, M. (2021), « Would you fight ? We asked aggrieved artisanal miners in Eastern Congo », *Journal of Conflict Resolution*, vol. 65, n° 6, p. 1159-1186.

Stoop, N., Verpoorten, M. et van der Windt, P. (2018), « More legislation, more violence ? The impact of Dodd-Frank in the DRC », *PLoS ONE*, vol. 13, n° 8.

Tapsoba, A. (2023), « The cost of fear : Impact of violence risk on child health during conflict », *Journal of Development Economics*, vol. 160, 102975.

Tilly, Ch. (1985), *Bringing the State Back In*, Cambridge University Press, p. 169-191.

United Nations Environment Program (2009), *From Conflict to Peacebuilding : The Role of Natural Resources and the Environment* (p. 8), UNEP.

United Nations, Security Council (2020, juin 3), *Report of the Secretary-General on conflict-related sexual violence* (S/2020/487).

Van Tubergen, F., Kogan, I., Kosyakova, Y. et Pötzschke, S. (2024), « Self-selection of Ukrainian refugees and displaced persons in Europe », *Journal of Refugee Studies*, vol. 37, n° 1, p. 72-96.

Voors, M. J., Nillesen, E. E. M., Verwimp, P., Bulte, E. H., Lensink, R. et Soest, D. P. V. (2012), « Violent conflict and behavior : a field experiment in Burundi », *American Economic Review*, vol. 102, n° 2, p. 941-964.

Weinstein, J. M. (2007), *Inside Rebellion : The Politics of Insurgent Violence*, Cambridge University Press.

Wennmann, A. (2007), *Conflict Financing and the Recurrence of Intra-State Armed Conflict* (thèse de doctorat), Graduate Institute of International and Development Studies, Genève, Suisse.

Wennmann, A. (2011), « Economic dimensions of armed groups : profiling the financing, costs, and agendas and their implications for mediated engagements », *International Review of the Red Cross*, vol. 93, n° 882, p. 333-352.

Wennmann, A. (2013), « Grasping the financing and mobilization cost of armed groups : A new perspective on conflict dynamics », dans *Armed Groups and Contemporary Conflicts*, Routledge, p. 64-79.

Weintraub, M. (2016), « Do all good things go together ? Development assistance and insurgent violence in civil war », *The Journal of Politics*, vol. 78, n° 4, p. 989-1002.

Yanagizawa-Drott, D. (2014), « Propaganda and conflict : Evidence from the Rwandan genocide », *The Quarterly Journal of Economics*, n° 129, p. 1947-1994.

Remerciements

La genèse de ce livre doit beaucoup au hasard d'une rencontre, son contenu, beaucoup moins. Comme c'est souvent le cas en économie, les thèses s'ouvrent par un constat simple ; la mienne, en tout cas, débutait ainsi, il y a déjà quelques années : une thèse, bien que travail personnel, demeure une aventure profondément collective. Il en va de même pour ce livre. S'il est signé de mon seul nom, il est pourtant le fruit d'années d'échanges, de discussions, et de rencontres, sans lesquelles il n'aurait jamais vu le jour. Et puisque l'occasion de remercier toutes celles et ceux qui ont compté dans un parcours professionnel ne se présente pas tous les jours, je vais en profiter pleinement.

Comme le lecteur aura pu le constater au fil de ses pages, ce livre s'inspire de nombreux travaux menés en collaboration avec des co-auteurs, dont certains sont devenus des amis. Il serait injuste d'ouvrir ces remerciements sans commencer par évoquer mes fantastiques premiers compagnons de route scientifique, à qui ce livre doit tant, et à qui je suis profondément redevable de la richesse des échanges intellectuels que nous avons partagés au cours des années. Parce qu'il est le premier de mes coauteurs, rencontré lors d'un printemps corse en 2008, Raphaël Soubeyran aura suscité, et continue d'alimenter, d'innombrables réflexions théoriques et empiriques sur les déterminants des conflits armés, et sur une multitude de sujets qui touchent au cœur des enjeux sociaux contemporains. Nicolas Berman, dont le talent d'écriture dépasse largement les frontières de la science économique, sans rien ôter à une redoutable rapidité de codage, aura été le point de bascule entre ma formation initiale en économie internationale et mon entrée dans l'économie des conflits. Ensemble, il y a plus de dix ans, nous avons découvert la richesse des données spatiales sur les conflits, ouvrant un vaste champ d'analyse, de compréhension… et de défis. Si l'apport de Mathias Thoenig à la recherche économique sur les conflits est internationalement reconnu, celui qu'il a eu, et continue d'avoir, sur mon rapport à la théorie l'est infiniment moins. Je ne le remercierai jamais assez pour le temps qu'il y aura consacré, et qu'il continue de m'accorder, pour me convaincre de la grande utilité de la théorie, avec une rigueur scientifique toujours stimulante, et une exigence devenue pour moi une source constante d'inspiration. À vous trois, un immense merci. Que nos collaborations passées, présentes et, je l'espère, futures, continuent d'alimenter nos réflexions. Et pourquoi pas, dans quelques années, un second livre, pour contribuer à nouveau, à notre échelle, au débat scientifique et citoyen.

Nombreux sont mes autres coauteurs, avec qui, au gré des rencontres, des discussions et des échanges, nous avons tenté, à notre échelle, d'apporter une pierre à l'édifice d'une meilleure compréhension des déterminants et des conséquences des conflits armés, ainsi que des politiques publiques susceptibles d'en réduire l'intensité. Thierry Mayer, mon ancien directeur de thèse, dont l'exigence scientifique ne cesse de m'inspirer ; Dominic Rohner, pour sa connaissance infinie de la littérature sur les conflits, bien au-delà du champ de l'économie. Mes coauteurs italiens auront également largement contribué à cette réflexion collective : Lavinia Piemontese, dont la pédagogie, la patience et la bonne humeur contagieuse auront éclairé l'analyse structurelle des conflits maoïstes ; Tommaso Sonno, dont la bienveillance et la compréhension fine de la Curie romaine auront été précieuses pour appréhender les dynamiques de conflit consécutives à une prise de parole papale. Et bien que n'étant pas italienne, mais pleinement engagée dans l'article consacré aux discours du pape, Sophie Hatte aura su apporter son expertise sur les questions médiatiques, devenues centrales dans la compréhension contemporaine des conflits. Viennent ensuite mes coauteurs dont les travaux liés aux questions de violence ont irrémédiablement nourri les réflexions développées tout au long de ce livre : Catherine Bros, Pauline Grosjean, Rémi Jedwab, Jérémy Lucchetti, Veronica Preotu, Marc Sangnier, Rohit Ticku, Lore Vandewalle et Vincent Vicard.

Quelques lignes spécifiques pour mes anciens doctorants, ou ceux qui vont bientôt l'être (sans pression si vous lisez ces lignes), avec qui j'ai eu la chance d'écrire ces dernières années. Nathalie Monnet, qui a su lancer les premières réflexions à propos des effets des violences maoïstes sur les firmes indiennes, et persévérer avec ténacité dans cette entreprise. Julian Marcoux, dont la patience et la rigueur auront permis de matérialiser empiriquement de longues discussions entamées avec Mathias Thoenig. Et enfin Lucile Laugerette, l'une des dernières à avoir rejoint, avec brio et un enthousiasme aussi constant que communicatif, cette belle liste de coauteurs, perpétuant ainsi les réflexions sur l'économie des conflits.

Si, sans surprise, la recherche sur l'économie de la violence est au cœur de mes travaux, quelques excursions vers des sujets connexes, qu'il s'agisse des ressources naturelles, des médias ou du comportement des entreprises, ont également nourri ce livre, parfois de manière plus directe qu'il n'y paraît. À cet égard, je tiens à remercier Sébastien Desbureaux, Victoire Girard, Louise Ingueré, Thomas Taylor, Alexandre Verlet, Stephanos Vlachos, ainsi que Farid Toubal, dont la passion pour la recherche, transmise dès mes premiers pas en thèse, est encore aujourd'hui une source d'inspiration.

Enfin, il y a toutes celles et ceux, croisés au fil des années, qui ont nourri, directement ou en creux, les réflexions à l'origine de ce livre. La liste serait bien trop longue, et figure déjà dans les remerciements de plusieurs de mes articles. Mais je tiens à remercier tout spécialement : Matteo Cervellati, Pierre-Philippe Combes, Cédric Chambru, Sylvie Démurger, José de Sousa, Ruben Durante, Fernando Fernandez, Kai Gehring, Gunes Gokmen, Clément Gorin, Marion Mercier, Hannes Mueller, Elisa Mougin, Ninon Moreau-Kastler, Alireza Naghavi, Mathieu Parenti, Francisco Pino, Paul Schaudt, Petros Sekeris, Andrea Tesei, Oliver Vanden Eynde, Romain Wacziarg, Uwe Sunde et Ekaterina Zhuravskaya. Une pensée particulière pour Christian

Bialès, mon professeur d'économie en classe préparatoire à Montpellier, qui m'a donné le goût et la passion de l'économie.

Quelques lignes également pour tous mes collègues de l'École normale supérieure de Lyon, et en particulier celles et ceux du département d'économie et du Center for Economic Research on Governance, Inequality and Conflict (CERGIC). Il m'est désormais impossible de citer chacun et chacune, tant nous sommes nombreux, et tant la liste, nécessairement incomplète, risquerait de trahir l'esprit même du collectif. Mais les fondateurs encore présents, celui qui, même à distance, continue à porter un regard bienveillant sur notre dynamique scientifique, ainsi que les nouvelles et nouveaux arrivés, qui insufflent déjà leur énergie, leurs idées et leur enthousiasme à la vitalité du laboratoire, se reconnaîtront sans peine. Je reste convaincu que notre environnement de recherche quotidien est d'une richesse exceptionnelle, et que si y contribuer demande de l'énergie, ce qu'il nous offre en retour est infiniment plus précieux. Cette richesse tient autant à la stimulation intellectuelle qu'à la bienveillance du collectif. Elle transforme chaque échange et chaque projet en source de progrès partagé. C'est dans cet équilibre entre exigence scientifique, esprit de collaboration et amitiés que s'ancrent, jour après jour, le plaisir de chercher et le désir de transmettre. Un remerciement particulier à Mathis Toquet, qui a su accompagner le travail de recherche tout au long de l'écriture de ce livre, avec rigueur et engagement.

Comme je l'ai mentionné au début de ces remerciements, ce livre n'aurait sans doute jamais vu le jour sans une rencontre chanceuse, celle de Clément Lebourg. Après un échange au détour d'un podcast sur l'économie des conflits, à la sortie de l'hiver 2024, Clément aura eu l'idée de souffler mon nom à deux éditrices formidables : Dana Burlac et Flandrine Raab. Un grand merci à Clément pour cette heureuse initiative, et un immense merci à Dana et Flandrine, qui m'auront accordé leur confiance avec un enthousiasme communicatif, sensibles à l'importance de la question de l'économie de la violence, notamment au regard de l'actualité brûlante et dramatique des derniers mois. À Flandrine, merci pour ton temps, tes conseils et tes retours sur les premières versions du livre : précieux.

Ces remerciements ne sauraient être complets sans un détour, bref, mais ô combien essentiel, de l'autre côté de la barrière : vers celles et ceux qui, par leur présence, leur amitié ou leur soutien, contribuent à l'équilibre du quotidien. À tous les Lyonnais rencontrés récemment : Noëlle, Nicolas (et Iris), Perrine et William, Marion et Loïc. Et à tous ces Marseillais, Parisiens et Montpelliérains, dont certains figuraient déjà dans les remerciements de ma thèse en 2011, qui, au gré de leurs visites et de nos échanges, ont su nourrir à leur manière ce livre : Arne, Bruno, Cédric, Céline P., Hélène, Jeanne, Marc, Pitchoune, Sébastien et Silvère. À ma famille, vous le savez, nul besoin de s'étendre, un immense merci pour tout ce que vous m'avez apporté, et continuez de m'apporter au quotidien. Sans vous, ce livre n'aurait tout simplement pas vu le jour. Merci à ma tante Cathy, à Bill (l'un des premiers de la famille à avoir écrit un livre), à mon parrain

Serge (brillant auteur d'un ouvrage sur Marx et l'humour comme arme politique !), et à Annie, Laurent, Mireille, Viviane, Agnès, Marie et Robert. En remontant un peu le fil du temps, un immense, immense merci à Pierre et Marie, mais également Hervé et Marie-Cécile, François et Marine. Et puis, Barcelone. Cette parenthèse printanière de 2024 aura nourri bien des réflexions autour de ce livre. Merci à Paul (Padel & GB, quelle paire !) et Karla (et à *estimada petita* Elsa). J'attends vos retours sur le livre avec impatience (sans pression aucune, évidemment).

Pour finir, les mots ne sauraient exprimer toute ma gratitude et tout mon amour envers mes parents, Pierre et Annie, pour leur indéfectible soutien, ni envers Sophie, qui m'accompagne avec talent, patience et générosité depuis tant d'années. À Victoire et Gabriel, pour tout ce que vous représentez : ce livre vous est dédié. Et je peux enfin répondre à votre question : oui, le livre est terminé.

Table des matières

Directrice des éditions Les Léonides : Dana Burlac
Éditrice : Flandrine Raab
Attachée de presse : Jeanne de Saint-Hilaire
Directrice commerciale : Camille Tomasicchio
Directrice artistique : Raphaëlle Faguer
Préparateur de copie : Guillaume Müller-Labé
Correctrice : Sophie Roller
Fabricants : Jenny Moulard & Vincent Châtelet
Mise en pages et composition : Nord Compo à Villeneuve-d'Ascq

Illustration de couverture : © CG_dmitriy, Shutterstock

Imprimé en France par CPI
en septembre 2025
Numéro d'impression : 185413